国家教育宏观政策研究院
National Institutes of
Educational Policy Research

教育发展年度报告丛书　　主编　郅庭瑾

中国教育信息化应用创新年度报告

The Report of Application Innovation
for ICT in Education in China

徐显龙　著　　*2019*

华东师范大学出版社
·上海·

图书在版编目(CIP)数据

中国教育信息化应用创新年度报告.2019/徐显龙著.
—上海:华东师范大学出版社,2021
(教育发展年度报告丛书)
ISBN 978-7-5760-1539-3

Ⅰ.①中… Ⅱ.①徐… Ⅲ.①教育工作-信息化-研究报告-中国-2019 Ⅳ.①G52

中国版本图书馆 CIP 数据核字(2021)第 094557 号

教育发展年度报告丛书
中国教育信息化应用创新年度报告(2019)

著　　者　徐显龙
策划编辑　彭呈军
责任编辑　孙　娟
特约审读　陈雅慧
责任校对　朱玉媛　时东明
装帧设计　卢晓红　樊艺琳

出版发行　华东师范大学出版社
社　　址　上海市中山北路 3663 号　邮编 200062
网　　址　www.ecnupress.com.cn
电　　话　021-60821666　行政传真 021-62572105
客服电话　021-62865537　门市(邮购)电话 021-62869887
地　　址　上海市中山北路 3663 号华东师范大学校内先锋路口
网　　店　http://hdsdcbs.tmall.com

印 刷 者　上海盛隆印务有限公司
开　　本　787×1092　16 开
印　　张　8.25
字　　数　177 千字
版　　次　2021 年 7 月第 1 版
印　　次　2021 年 7 月第 1 次
书　　号　ISBN 978-7-5760-1539-3
定　　价　48.00 元

出版人　王焰

(如发现本版图书有印订质量问题,请寄回本社客服中心调换或电话 021-62865537 联系)

《教育发展年度报告丛书》编委会

（按姓氏拼音排序）

胡耀宗　姜　勇　柯　政　李廷洲　李伟涛
陆　璟　梅　兵　钱冬明　桑　标　石伟平
童世骏　王宏舟　王秀军　吴瑞君　徐显龙
阎光才　袁振国　张　珏　张文明　郅庭瑾

《教育发展年度报告丛书》序言

教育是民族振兴、社会进步的重要基石。近年来,我国教育改革发展取得了长足进步,突出表现为教育事业快速发展,人民群众受教育机会持续增加;教育公平深入推进,人民群众的教育权利得到充分保障;教育质量稳步提升,人民群众的获得感显著增强;教育改革持续深化,教育体制机制日益健全,学校的办学活力进一步释放;教育对外开放不断扩大,中国教育的国际影响力明显提升。这些成就的取得,为我国教育走向现代化奠定了坚实的基础。

同时,也要看到,当前教育领域也存在一些亟待解决的突出问题,特别是教育发展的不平衡、不充分,与新时代人民日益增长的美好生活需要尚有一些距离。这些都要求我们继续坚持教育优先发展战略,进一步深化教育改革、加快教育发展。为此,中共中央、国务院印发的《中国教育现代化2035》提出了推进教育现代化的总体目标,要求"到2035年,总体实现教育现代化,迈入教育强国行列,推动我国成为学习大国、人力资源强国和人才强国,为到本世纪中叶建成富强民主文明和谐美丽的社会主义现代化强国奠定坚实基础"。

加快推进教育现代化,不仅离不开扎实的教育政策实践,也离不开高质量的教育政策研究。作为教育部与上海市人民政府共建智库和上海市重点智库,华东师范大学国家教育宏观政策研究院(以下简称"宏观院")始终坚持以国家教育改革和发展的重大战略需求为导向,积极对接国家教育宏观决策需要,调动多学科资源,从多学科角度对教育政策和决策问题开展具有战略性、前瞻性的全方位研究,形成了鲜明特色,取得了显著成效。

近年来,宏观院着力建设国家教育科学决策服务系统等若干重要数据平台,秉持"关于系统的研究"和"基于系统的研究"相结合的理念,基于数据开展教育现代化监测评价,为教育科学决策提供重要依据。宏观院直接参与了若干国家和区域教育发展规划的研制,多项建议被《中国教育现代化2035》《加快推进教育现代化实施方案(2018—2022年)》等重要规划文本吸收采纳。在服务决策过程中,宏观院在教师队伍建设、教育精准扶贫、长江教育创新带建设和长三角教育一体化等领域产出了一批高水平决策咨询成果,获得了有关方面的高度认可。

宏观院十分重视精品科研成果的积累与传播。一方面创刊主办了内参刊物《教育宏观政策专报》《教育发展信息与观察》《国际教育政策观察》《长三角教育协作简报》,作为服务决策的"直通车",直接发挥决策影响力;同时还精心打造了《国家教育宏观政策研究院智库建设成果书系》等一批高质量的公开出版物,推动了教育领域的决策与政策研究,产生了学术影响。

为跟踪和记录我国教育现代化进程，呈现并探讨教育改革与发展的阶段性成就和问题，宏观院组织编写了《教育发展年度报告丛书》，由相关领域的权威专家学者领衔，拟每年出版一套，作为《国家教育宏观政策研究院智库建设成果书系》的组成部分。在丛书构成上，《教育发展年度报告丛书》分为三个板块：一是国家教育发展报告，从整体上梳理、回顾过去一年我国教育事业改革发展的总体状况，为读者了解我国教育现代化进展提供整体性、概览性的介绍；二是各级各类教育发展年度报告，如学前教育、基础教育、高等教育、职业教育等，具体对其年度发展和重要议题进行全面梳理和深入分析；三是专题报告，聚焦教育领域若干重大现实问题，如教师队伍建设、区域教育发展、教育信息化应用创新等，呈现并剖析该专题领域当年的教育改革热点和难点。如果说前两类报告偏重的是"面"上的研究，第三类报告则重在"点"上的研究。全套丛书通过"点面结合"，试图为读者深入了解和进一步研究我国教育领域的各方面问题提供多维和全景的视角。

《教育发展年度报告丛书》的出版，得到了领导、前辈、同行和有关方面的大力支持和帮助。中国教育学会名誉会长、北京师范大学资深教授顾明远先生和华东师范大学教育学部主任袁振国教授为《国家教育发展报告（2019）》和《国家教师发展报告（2019）》欣然作序；华东师范大学教育学部石伟平教授、阎光才教授、胡耀宗教授、姜勇教授等分别领衔了职业教育、高等教育、基础教育和学前教育领域的研究和撰写工作；华东师范大学出版社彭呈军为丛书出版做了大量工作，在此一并表示衷心的感谢。

我们期待将《教育发展年度报告丛书》打造成一套精品力作，使之成为宏观院的又一学术品牌。当然，由于经验尚有不足，难免挂一漏万，诚挚希望广大热心读者批评指导，使我们的工作日臻完善。

华东师范大学国家教育宏观政策研究院执行院长、教授 郅庭瑾

2020 年 9 月

前言

李开复先生提出"21世纪需要的人才"应具备融会贯通、创新与实践相结合、跨领域、智商情商灵商兼高、沟通与合作、从事热爱的工作和积极乐观等特点；美国阿波罗（Apollo）集团通过大量调研，得出对人才能力结构的要求包括专业技能、批判性思维、创造性问题解决、团队协作精神和人际沟通；美国21世纪技能联盟提出"新平衡学习"的预期学习结果指向21世纪不可或缺的三套技能，包括学习与创新技能、数字素养技能和职业与生活技能。这些未来人才的特点与要求都体现对人的创新能力的高要求。

《中国教育现代化2035》中提出的战略任务之六是提升一流人才培养与创新能力，明确要求加强创新人才特别是拔尖创新人才的培养，加大应用型、复合型、技术技能型人才培养比重。然而，人的创新能力的培养和发展不仅需要夯实的认知教育，同时更需要丰富的非认知的综合实践活动教育。其中，中小学阶段是人的创新能力发展最为关键和活跃的时期，与学前儿童相比，中小学生的生活和实践领域及问题性质发生了本质的变化，他们具有较强的好奇心和求知欲，这个阶段所萌发的意识、形成的思维、获取的技能将会对其未来的成长产生长期影响。因此，中小学阶段是培养人的创新能力的最佳时机。

但是，在当前以应试教育为主流的环境下，学生创新能力培养受到极大地制约，学生用于自身创新能力培养的时间很少。而且，很多的学生、家长和教师并没有意识到学生创新能力的培养和学习成绩是相辅相成、密不可分和相互促进的，结果导致当前学生的创新能力不强。创新教育作为培养学生创新能力的新模式，旨在提高中小学生的创新能力，期望通过创新性实验方法的采用以及创新型实验环境的构建达到培养创新型人才的目的。

当前，我国中小学校教育信息化应用正在从基础设施、系统资源和师资力量等建设逐步转向变革教与学方式的创新教育模式，而作为能够有效整合这些建设与应用的STEM教育和创客教育已经成为最受关注的创新教育教学模式。那么，当前教育信息化应用创新程度即STEM教育和创客教育的开展状况是教育管理部门亟需了解的，本研究报告期望通过发展概述、政策进展、区域案例、国际借鉴和对策建议五部分的论述，能为我国各级各类教育管理部门制定教育信息化应用相关政策提供依据。

首先对2019年我国教育信息化应用创新的发展概述进行介绍，先从教育信息化应用创新内涵剖析开始，并对创新教育、STEM教育、创客教育的概念进行了辨析；从主要赛事、相关课题、政策情况和地区分类来描述当前国内 STEM 教育和创客教育的发展现状；并从顶层设计、课程标准、课程设计、认知偏差、教学资源、师资及其培训、社会力量参与、评价体系和职业教育渗透等方面分析创新教育发展存在问题。

其次，通过对有关 STEM 教育和创客教育的国家政策分析，揭示了我国创新教育发展的历程，同时呈现了国家政策文件关键词的特征；对各省市有关 STEM 教育和创客教育的地方政策文件进行了整体分析和差异分析，梳理了这些地方文件关键词词频，构建了地方政策文件中关键词云图，并对重点省市的有关 STEM 教育和创客教育的政策文件内容开展了评述；分析了美国、德国、日本、韩国、澳大利亚、英国和芬兰等主要发达国家有关 STEM 教育和创客教育的政策文件，并对当前国际创新教育研究发展的特点进行了总结。

接着，从环境设施、活动性质和课程内容三方面对上海市、北京市、广东省、河南省、重庆市、辽宁省和陕西省等典型省市的创新教育开展情况进行了较为详细地整理；从中小学创客课程体系（浙江省宁波市实验小学、北京市第十二中学、河南省郑州市教育局教研室）、中小学创客课程（江苏省扬州市第一中学、辽宁省沈阳大学附属实验学校、浙江省杭州外国语学校）和学科结合创客课程（四川省成都市泡桐树小学）三方面整理典型创客教育典型案例；以北京市第八十中学、上海市上海中学和广州市秀全外国语学校为代表，整理 STEM 教育典型案例；以杭州市保俶塔实验学校、乐山市外国语小学和西安高新国际学校为代表，整理创新教育典型案例。

第四，在国际借鉴方面，根据资源及经费投入、空间环境建设、课程与教学、师资与人员建设、课程评价体系构建、愿景目标创设六个主题整理案例，主要包括美国 STEM 教育相关政策经费与资源投入案例、美国"项目引路"项目相关经费与资源投入案例；美国典型 STEM 教育实验室案例、新罕布什尔州儿童博物馆 STEM 教育实验室案例、虚拟工程科学学习实验室案例；美国《下一代科学课程标准》、美国项目引路工程（Project Lead The Way，PLTW）、美国项目引路工程"机械"课程内容结构案例、美国德州圣马科斯高中 PLTW 工程设计课程项目教学案例、澳大利亚"墨尔本水的故事"；美国 STEM 教育师资建设案例、美国"引路计划"STEM 教师培训案例；美国项目引路工程课程评价体系案例、美国"变革方程"STEM 课程评价体系案例，以及美国愿景目标创设案例、澳大利亚愿景目标创设案例和欧洲愿景目标创设案例。

最后，从加强顶层设计与支持、社会力量积极参与、重构课程体系、师资队伍建设、研制课程标准、重视课程实践特点、完善课程实践特点和建设 STEM 教育资源平台等方面为国内 STEM 教育和创客教育的有效开展提供对策与建议，以促进我国创新教育发展，为培养更多的创新人才提供支持。

整份研究报告从开始到成稿，得到了太多专家、同事和学生的指导和支持，非常感谢钱冬明副教授，在开始确定选题沟通阶段，与他进行多次沟通并最终确定研究报告方向和题目；特别感谢在立项、中期沙龙和结项时给予指导的专家们，包括祝智庭教授、郅庭瑾教授、顾小清教授、胡耀宗教授、吴永和研究员等；同时，还要感谢参与了研究报告整个过程的黄巧绫老师和姜冰倩老师;此外,感谢研究生们对整份研究报告的辛勤付出,包括已经毕业的研究生何沣燊、黄旦、周知恂、陈婧,在读的研究生徐浩鑫、张江翔、沈王琦、沈佳懿、杨浩恩、李露等。正是你们的无私的指导和帮助,才使得这本研究报告问世!

最后,还想感谢本研究报告中所提到的案例学校和项目,正是这么多丰富的案例和项目,使得该研究报告所揭示的教育信息化应用创新的路径更为清晰,再次深表谢意!

徐显龙

2020.10.28

目录

第一章 发展概述	1
一、核心概念	1
二、主要赛事	5
三、立项课题	9
四、政策概览	9

第二章 政策进展	12
一、国家层面政策分析	12
二、地方层面政策分析	18
三、主要国家政策分析	31

第三章 区域案例	37
一、典型省市	38
二、创客教育典型案例	55
三、STEM 教育典型案例	64
四、创新教育典型学校案例	71

第四章 国际借鉴	81
一、资源及经费投入案例	81
二、空间环境建设案例	83
三、课程与教学案例	86
四、师资与人员建设案例	94
五、课程评价体系构建案例	96
六、愿景目标创设案例	98

第五章　对策建议	102
一、加强顶层设计与支持	102
二、社会力量积极参与	103
三、重构课程体系	105
四、师资队伍建设	106
五、研制课程标准	109
六、重视课程实践特点	109
七、完善课程评价体系	110
八、建设 STEM 教育资源平台	111
九、加强职业教育渗透	113
参考文献	114

第一章 发展概述

一、 核心概念

教育信息化是伴随着信息与通信技术的发展及其在教育实践领域中的应用而逐步产生的，是世界各国推进教育持续发展和变革的必由之路，也是我国有效实施科教兴国战略的重要举措。20 世纪 90 年代开始，我国开启教育信息化的建设历程，从国家层面相继出台了一系列政策法规，并首先从硬件设施着手教育信息化建设，逐步推进教师信息化教学技能、数字化学习资源、信息化学习环境与支撑服务体系等软环境的建设。

随着教育信息化的深入发展，信息技术与教育深度融合成为"互联网＋"时代的诉求，教育信息化应用也从基础设施、系统资源、师资力量等建设逐步转向变革教学与学习方式的创新教育模式，并成为我国创新型人才培养的重要手段。其中，STEM 教育和创客教育通过在学习过程中有效整合数字化学习工具的应用，通过促进学生发现问题、探究问题、解决问题培养学生的信息素养和 4C 核心能力(Communication(沟通力)、Collaboration(合作力)、Creativity(创造力)、Critical thinking(批判性思维))，成为最受关注的创新教育教学模式。

1. 创新教育

在我国，创新教育是中央教育研究院在 1998 年正式提出的理念，在教育学界引起了很大的反响，并有效地推动了我国的教育改革[①]。朱永新等在文章中指出："创新教育也就是根据创新原理，以培养学生具有一定的创新意识、创新思维、创新能力以及创新个性为主要目标的教育理论和方法。"[②]从创新教育的实质看，创新教育是一种以开创性个性为培养目标，以人的综合素质的全面开发为基础，以提升个体生命质量为宗旨，全面提高民族素质和竞争力的教育[③]。在新兴科技和互联网社区的发展大背景下，创新教育以信息技术的融合为基础，传承了体验教育、项目学习法、创客教育、DIY 理念的思想，从而开拓了自己的实践场。而在具体实施上，创新教育有不同的形式，但最终目的是培养学生的开创性个性。

---

① 华国栋. 推进创新教育，培养创新人才[J]. 教育研究，2007(9)：16 - 21.
② 朱永新，杨树兵. 创新教育论纲[J]. 教育研究，1999(8)：9 - 15.
③ 徐辉. 创新教育的理论及其哲学、人类学基础[J]. 教育研究，2001(1)：10 - 14,34.

2. 创客教育

随着互联网热潮和3D打印技术、微控制器等开源硬件平台日益成熟,创客(Maker)运动与教育的"碰撞",慢慢改变传统的教育理念、组织、模式与方法,因而创客教育应运而生。虽然创客教育没有一个正式的定义,但创客的理念已日趋成熟,在教育界引发一股新思潮,不同学者也给出了对创客教育的理解。

国外对于创客教育的研究时间较长,但主要侧重于实践方面,对创客教育概念的探索甚少。相对而言,美国在"创客教育动员"计划(Maker Education Initiative, MEI)对于创客教育概念的界定比较明确。该计划对创客教育的界定着眼于创客教育的过程性以及目的性,定义为"创客教育是通过校内教育与校外教育的连接,推动创客空间的建设以及发展各种创客项目,激发孩子们的创造兴趣、信心和创造力,让每个孩子成为创客"[1]。此外,西方学者马丁尼兹(和斯塔哲)认为,创客教育是"基于创造的学"或"在创造中学习"(Learning by Making)的学习方式,这种学习方式才是学生真正需要的,强调创客教育要努力开发学生的创造力,提升学生利用技术与方法创造产品与工具来解决实际问题的能力[2]。

国内学者对于创客教育的概念有相当多的探讨。学术界对于创客教育的界定可以从两个角度去理解,一种是"创客的教育",目的是培养创客人才;另一种是"创客式教育",目的是用创客的理念和方式去改造教育[3]。第一种角度认为创客教育是一种工具,可以称为工具说;第二种角度可以称为模式说[4]。两种角度的目的都是培养具有创新意识、创新创造能力及问题解决能力的创造人才,因此两者又是融合的。国内大多数学者倾向于模式说,认为创客教育是一种教育模式。祝智庭和孙妍妍认为创客教育是以信息技术为基础,融合了体验教育、项目教学法、创新教育、DIY理念的一种新型的教育模式[5]。张茜、华金科、谭慧认为创客教育是一种全新的教育模式,它"秉承'探究体验、实践教学、开放创新'的教育思想,主张在'创造中学习'",旨在培养迎合新时代要求的创客人才[6]。郑燕林和李卢一提倡"基于创造的学习",强调学习者融入创造情境、投入创造过程[7]。另一类是工具说,工具说认为创客教育是一种提升和达到学生学习目标的手段和工具。杨刚认为创客教育是能够改变学生的学习方式并优化其学科知识结构,突破现有教育体制规约和资源的限制的手段[8]。杨晓哲和任友群则将创客教育的定义更加具体化,认为创客教育是

---

[1] 杨现民,李冀红. 创客教育的价值潜能及其争议[J]. 现代远程教育研究,2015(2):23-34.

[2] 何克抗. 论创客教育与创新教育[J]. 教育研究,2016,37(4):12-24,40.

[3] 杨现民,李冀红. 创客教育的价值潜能及其争议[J]. 现代远程教育研究,2015(2):23-34.

[4] 吴明芳. 国内创客教育研究综述[J]. 中国成人教育,2017(23):48-51.

[5] 祝智庭,孙妍妍. 创客教育:信息技术使能的创新教育实践场[J]. 中国电化教育,2015(1):14-21.

[6] 张茜,华金科,谭慧. 高职院校开展创客教育的意义、现状与实施路径[J]. 教育与职业,2018(18):74-76.

[7] 郑燕林,李卢一. 技术支持的基于创造的学习——美国中小学创客教育的内涵、特征与实施路径[J]. 开放教育研究,2014,20(6):42-49.

[8] 杨刚. 创客教育:我国创新教育发展的新路径[J]. 中国电化教育,2016(3):8-13,20.

通过鼓励学生进行创造，将自己的想法变成现实，在创造过程中有效地使用数字化工具（包括开源硬件、三维打印、计算机、小型车床、激光切割机等）支持创造，以培养学生动手实践的能力为目标，让学生在发现问题、探索问题、解决问题中将自己的想法作品化，从而具备独立的创造思维与解决问题的综合能力的一种教育方式[①]。笔者比较赞同学者杨现民的定义。他在前人的研究基础上总结，并给出以下定义：创客教育是一种融合信息技术，秉承"开放创新、探究体验"教育理念，以"在创造中学"为主要学习方式和以培养各类创新型人才为目的的新型教育模式[②]。他认为，传统教育具有深深的工业化烙印，是典型的基于知识的教育（Knowledge-Based Education）；创客教育则是适应知识经济时代发展的以能力为导向的教育（Competence-Based Education），做中学、快乐教育、大成智慧、构造论是创客教育背后的核心理念。创客教育具有无限的价值潜能，将对个体发展、课程改革、教育系统变革以及国家人才战略产生重大影响。

祝智庭认为，创客课题的八个要素包括：课题的切身性、课题的复杂性、充足的资源、互动和合作、高强度、合理的时间安排、分享教育，以及新颖性。在我国，创客教育具有贯彻以学生中心的教学思想、促进学生间的交流合作、推进教育信息化进程、发展学生的动手能力、培育"尚技重工"的文化等优势。而推进我国创客教育的方式有：设立多校共享的创客中心、提供相应的教师培训、鼓励器材的研发生产、创建社区创客中心、创建良好的激励机制。

创客教育的实践框架需要从创客环境、创客课程、创客学习、创客文化、创客教师队伍、创客教育组织、创客教育计划等多个方面协同推进。在实践方面，由美国引领下的全球创客教育运动兴起且发展势头良好。与此同时，在推进实践的过程中，创客教育应积极应对发展过程中面临的经费问题、教师培训问题、与课程要求以及考试的矛盾、教育公平和均衡问题等诸多挑战。

3. STEM 教育

STEM（Science，Technology，Engineering and Mathematics）教育起源于美国，指整合科学、技术、工程、数学等学科的课程学习，用以应对学科割裂所造成的无法创造性地解决真实、复杂的科学技术问题，在新硬件时代难以设计出高品质产品的现状，培养学习者设计未来的能力，提升国家经济保持繁荣与竞争力的技术和能力，是美国为了应对未来社会挑战而提出的国家发展战略。STEM 教育经历了 STEAM 教育到 STEM＋的发展，但真正需要把握的，是 STEM 教育这个概念所代表的跨学科课程这样一种创新的课程实践方式。STEM 教育作为跨学科课程的统称，主要存在以下两类观点：

一类关注学科的交叉融合，即 STEM 教育是多学科跨界的整合。从 STEM 教育的起源来看，STEM 是各取科学（Science）、技术（Technology）、工程（Engineering）和数学（Mathematics）的首字母所组成。其中，科学、技术、工程和数学教育经常被称为"meta-discipline"，翻译叫做"后设学

---

① 杨晓哲，任友群. 数字化时代的 STEM 教育与创客教育[J]. 开放教育研究，2015，21（5）：35－40.
② 杨现民，李冀红. 创客教育的价值潜能及其争议[J]. 现代远程教育研究，2015（2）：23－34.

科",即 STEM 学科的建立是基于与其他学科的交叉融合然后形成一个新的整体,这门跨领域的学科将原本分散的学科形成一个整体,叫做 STEM 教育[1]。中国和其他国家在界定"STEM 教育"这一概念时,也都强调了 STEM 教育的跨学科融合。例如,国内余胜泉和胡翔强调 STEM 教育并不是科学、技术、工程和数学的简单相加,而是要将这些学科的相关内容融合形成统一的有机体,来培养学生的创新创造能力和实践能力[2]。魏晓东、于冰等对美国 STEAM 教育进行了研究,将 STEAM 作为有机整体。他们认为五个学科在其中都有举足轻重的作用,并对五个学科在这个有机整体中的作用进行了阐释:(1)数学本身作为一个基础学科,也是自然科学的组成部分,是研究其他领域的必需学科,所以数学是 STEAM 的基础[3];(2)科学是重要的组成元素;(3)技术是 STEAM 的工具,是人类满足生存和自我需求的方法,既是帮助学习者有效学习的工具,也被教师运用开展教学活动;(4)工程学是 STEAM 中解决实际问题的途径,工程给出满足人类需求的解决方案,STEAM 中的工程学促进学生找到解决问题的方法;(5)艺术在 STEAM 中起到促进发展的作用,苏塞(Sousa)和皮尔茨基(Pilecki)指出许多科学家、数学家和工程师借鉴从艺术中得的"技能"作为科学研究的工具[4]。

另一类是观点认为,STEM 教育是一种教学策略和学习方式。李王伟和徐晓东通过观察和对比 STEM 教育、项目学习、合作探究学习,将 STEM 教育定位为一种学科统整学习,是强调建构思维、知识融合和实践创新能力培养的综合学习方式[5]。祝智庭教授将 STEM 教育在表现形态上划分为四个层次[6]。第一层次(iSTEM-0)是基于泛科技资源的资讯型科普教育,学生主要从媒体传播的科技资讯获得 STEM 知识;第二层次(iSTEM-1)指将工具、问题与项目改造嵌入传统的知识型课程中形成的准能力型课程,即国外称作助推型课程的师资低度整合的课程;第三层次(iSTEM-2)是以工程技术设计思维为核心支柱的项目式 STEM 课程,让学生体验项目设计思维解决问题的流程;第四个层次(iSTEM-3)是整合性交叉学科,是将 STEM 教育作为一个专门的学科进行规划设计,有完整的教学生态和社会环境支持。iSTEM-3 层次是专门为 STEM 教育而研究设计的成熟发展形态,能够更好地达到培养具有数学知识、科学素养、工程设计能力和技术应用能力等核心素养人才的目标。整合型的 STEM 教育具备新的核心特征,即跨学科、趣味性、体验性、情境性、协作性、设计性、艺术性、实证性和技术增强性等[7]。而钟柏昌在对 STEM1.0

---

[1] Morrison J. Attributes of STEM education:The student,the school,the classroom [J]. TIES (Teaching Institute for Excellence in STEM),2006,20.

[2] 余胜泉,胡翔. STEM 教育理念与跨学科整合模式[J]. 开放教育研究,2015,21(4):13-22.

[3] Yakman G,Lee H. Exploring the exemplary STEAM education in the US as a practical educational framework for Korea [J]. Journal of the korean Association for Science Education,2012,32(6):1072-1086.

[4] Sousa D A,Pilecki T. From STEM to STEAM:Using brain-compatible strategies to integrate the arts [M]. Califora:Corwin,2013.

[5] 李王伟,徐晓东. 作为一种学习方式存在的 STEAM 教育:路径何为[J]. 电化教育研究,2018,39(9):28-36.

[6] 祝智庭,雷云鹤. STEM 教育的国策分析与实践模式[J]. 电化教育研究,2018,297(1):77-87.

[7] 余胜泉,胡翔. STEM 教育理念与跨学科整合模式[J]. 开放教育研究,2015,21(4):13-22.

到 STEM4.0 的界定则略有不同,他指出在 STEM 教育 1.0 中,以学科为单位的多个学科分别促进 STEM 中某一个学科的知识学习和掌握,即分科目开展的 STEM 教学;STEM 教育 2.0 开展方式主要是活动或项目,在科目上做了加法,但多学科之间没有紧密的逻辑关系,强调的是多个学科的参与;STEM 教育 3.0 则已经模糊了学科的边界,关注各个学科知识内容背后的思想方法,注重学生在解决问题的过程中对这些来自单一学科知识的深度理解,从而促进跨学科知识的联通;STEM 教育 4.0 有系统的课程框架,不同学科的内容具有内在逻辑性和外在关联性,这样的课程利于学生形成系统性思维,培养学生的跨学科整合能力,甚至会催化学生生成新的观念和新的理念①。

另外,不同研究者对 STEM 教育所倡导的思想及教育理念有不同的理解。有的学者认为 STEM 教育依托于物联网、云计算等新一代信息技术,打造智能化教育信息生态系统,强调以项目学习为主要学习方式,学习者通过项目式学习来完成相关任务,同时培养其项目学习能力、创新能力,在问题解决过程中培养创新思维。也有的学者认为创客教育就是 STEM 教育,是基于学生兴趣,以项目学习的方式,使用数字化工具,倡导造物,鼓励分享,培养跨学科解决问题能力、团队协作能力和创新能力的一种素质教育。

综上所述,STEM 教育作为跨学科课程的统称,其核心是强调跨学科的融合,以真实情景中的问题或项目为驱动,强调以学生为中心的学习理念,旨在提高学生的综合能力和跨学科思维能力。

二、 主要赛事

为了更全面地了解创客教育发展现况与问题,并能够进行现实资料的相互比较,在地毯式地搜集全国各省(含直辖市)创客教育应用的相关信息后,整理形成初步分类名单,经敦请本领域的专家与研究团队成员(例如,全国十佳科技教师、中学高级教师、广州市电化教育馆教研员、广州市电化教育馆红棉创客教育项目总牵头人、广州市青少年科技教育协会科技体育专业委员会秘书长、广东省西关外国语学校"基于外国语特色学校的 STEM 课程开发与实施研究"项目组)论证之后,将全国省份划分为三个梯队,并于各梯队中选取较具代表性的省市进行创新创客教育发展现况的介绍。

在资料处理上,首先进入全国青少年科技创新大赛、中国青少年机器人竞赛、全国教育科学"十三五"规划 2018 年度课题立项、各省政府网站中,查询相关资料,包含得奖清单、相关政策等。其次,研究团队成员对海量资料进行过滤与筛选,所有选择的结果均经过至少两位成员复核,一致同意资料的重要性与代表性后,方得保留,假使两位成员对于资料无法取得共识,则由第三位

---

① 钟柏昌.创客教育的内涵式发展:微创新与跨学科是怎样"炼"成的[N].中国教育报,2018-9-29(3).

成员加入判断,力求资料的有效性。接着,针对保留的资料展开梳理与分析,将所调研城市进行梯队划分,并选取调研数据可获取度较高的城市进行着重研究。最后,课题组成员在全面、地毯式地查阅所选城市中各中小学于网络上的公开资料后,从所检索的资料中聚焦创新教育的相关报道,排除其中不清楚不详实的内容,对各个城市中小学的创新教育环境设施、活动性质、课程内容进行分析,并挑选较为合适的学校作为案例。案例选取的学校根据分析的主题,由报道的描述进行举例介绍,无等第优劣之分。

报告通过调研各地区颁布的创新创客教育相关政策数量、创新创客教育相关课题、创新创客类竞赛成绩获得情况以及各地区学校所在创新创客教育环境、课程、活动等上的投入建设情况,来综合地概括国内创新创客教育的发展现状。

1. 全国青少年科技创新大赛

全国青少年科技创新大赛是由中国科协、教育部、科技部、生态环境部、体育总局、知识产权局、自然科学基金会、共青团中央、全国妇联共同主办的一项全国性的青少年科技竞赛活动。大赛具有广泛的活动基础,从基层学校到全国大赛,每年约有1000万名青少年参加不同层次的活

图 1-1　第 33 届全国青少年科技创新大赛闭幕式

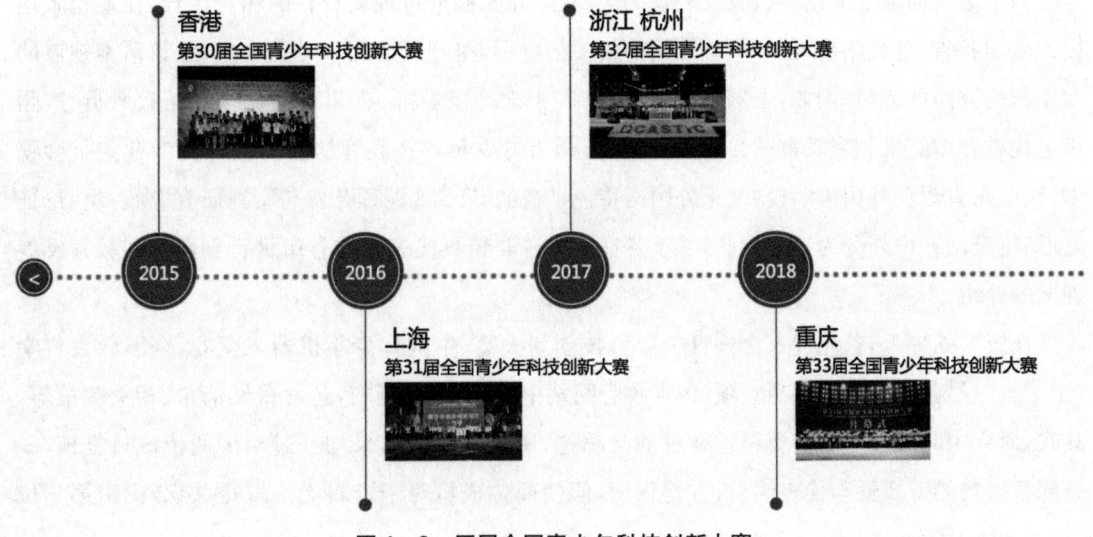

图 1-2　历届全国青少年科技创新大赛

动,经过选拔,500 多名的青少年科技爱好者和 200 名科技辅导员相聚在一起进行竞赛、展示和交流活动。全国青少年科技创新大赛不仅是国内青少年科技爱好者的一项重要赛事,而且已与国际上许多青少年科技竞赛活动建立了联系,每年都从大赛中选拔出优秀的科学研究项目参加国际科学与工程大奖赛(ISEF)、欧盟青少年科学家竞赛等国际青少年科技竞赛活动。

第 33 届全国青少年科技创新大赛于 2018 年 8 月 14—20 日在重庆市举办。共包括青少年科技创新成果竞赛、青少年科技实践活动比赛、青少年科技创意比赛、少年儿童科学幻想绘画比赛和科技辅导员科技教育创新成果竞赛 5 项内容。大赛共分为 3 个阶段。

第一阶段:2018 年 4 月前为省级赛事组织阶段。省级组织机构参照大赛章程和规则组织省级大赛,并按分配名额和规定时间推荐优秀项目参加全国大赛。

第二阶段:2018 年 4—8 月为全国赛事组织阶段。全国大赛组委会组织项目申报、资格审查、初评和终评活动。

第三阶段:2018 年 9 月至年底为总结阶段。公示获奖名单、印发获奖通知、颁发证书和总结研讨等。

在创新教育领域,青少年科技创新大赛有着举足轻重的地位,因此分析其获奖情况分布,对全国创新创客教育、STEM 教育的调查研究有很大的参考价值。

根据获奖名单公示结果,统计 31 个省级行政区在青少年科技创新成果竞赛、青少年科技实践活动比赛、青少年科技创意比赛中一等奖的获奖情况(其中,兵团代表队根据区域纳入新疆维吾尔自治区)。

各地区对于创新创客教育、STEM 教育的培养水平有所差异,从区域划分来看,以北京、上海、重庆三个城市为中心呈现辐射状。这与地方的教育水平及相关政策的颁布均有密切联系。高频获奖地区主要集中在华北、华东及华南沿海区域和华西内陆地区。

2. 中国青少年机器人竞赛

中国青少年机器人竞赛是中国科协面向全国中小学生开展的一项普及性科技活动。竞赛旨在激发青少年对工程和技术的兴趣,培养创新精神、工程思维、解决问题和团队合作的能力,同时为青少年机器人爱好者搭建一个融合多学科知识和技能的学习、交流和展示的平台。竞赛始办于 2001 年,每年一届,已经连续举办了 18 届。经过近 20 年的发展,中国青少年机器人竞赛在普及机器人工程技术知识,推动机器人教育活动开展等方面发挥了积极作用,已成为国内面向青少年机器人爱好者所举办的规模最大、管理规范、认可度高、影响广泛的竞赛活动之一。

第 18 届中国青少年机器人竞赛在贵州召开,全国各地共有 4 500 多所中小学的 9 000 多支队伍、23 000 多名中小学生参加省级竞赛(20% 学校为首次参赛)。经省级竞赛选拔推荐,共有来自31 个省、自治区、直辖市,新疆生产建设兵团以及香港、澳门特别行政区的 520 支参赛队、1 477 名学生、500 多名教练员入围全国竞赛。

第十八届中国青少年机器人竞赛包括五个比赛项目:主题为"海洋开发"的机器人综合技能

图 1-3 第 18 届中国青少年机器人竞赛邀请函

比赛、主题为"家庭服务机器人"的机器人创意比赛、主题为"细水长流"的 FLL 机器人工程挑战赛、主题为"跃上巅峰"的 VEX 机器人工程挑战赛、主题为"信息时代"的 WER 工程创新赛。各赛项根据不同的规则,分年龄组进行比赛,通过场地对抗赛、评委提问和选手答辩等方式产生各赛项不同年龄组的冠军队和各赛项的奖项。全国竞赛中的优胜青少年团队将被选派参加相关国际青少年机器人比赛。

竞赛注重对学生创新思维、动手实践和团队合作能力的培养。参赛学生要根据规则发挥创意,与队友分工合作解决问题,搭建出各具特点的机器人并进行编程,通过比赛的形式切磋交流,检验团队合作默契度以及对机器人知识和技术的理解和掌握。例如:机器人综合技能比赛,参赛选手要根据设定的任务现场组装机器人、并编程调试,比赛任务全面考查青少年对机器人技术的理解,检验青少年对机构结构的认识,以及对基本程序编写的掌握程度。VEX 机器人工程挑战赛,突出团队合作与竞争。比赛时两个参赛队现场临时组成联队,与另一联队进行对抗,两支新认识的机器人团队要快速地沟通了解彼此的技术特点、讨论制定出比赛策略。

选取科技热点或社会问题作为比赛主题,为青少年探究学习创设学习背景和话题,激发引导学生进行相关的课题研究,增进他们对科技、社会问题的关注和理解。例如,第十八届机器人创意比赛的主题"家庭服务机器人",旨在促进青少年了解机器人技术在帮助人类家庭生活方面的作用,使同学们在探索机器人知识、技能的过程中树立终身学习的理念;FLL 机器人工程挑战赛的"细水长流"主题,旨在引导学生充分利用科学技术手段解决人类发现、运输、利用和处理水方面许多有趣的问题,更有效地管理水资源,比赛时学生除了要完成场地任务,还需要向评委介绍自己围绕主题进行的课题研究。

根据获奖名单公示结果,统计 31 个省级行政区在青少年机器人竞赛 FIRST 机器人、WRO 创意赛、WRO 常规赛、WER 机器人、VEX 机器人、FLL 机器人、综合技能竞赛、创意设计竞赛中的一等奖的获奖情况(其中,兵团代表队根据区域纳入新疆维吾尔自治区)。其中数据来源于赛事官网获奖名单公示。

中国青少年机器人竞赛是我国最能体现各地学生科技创新能力的赛事之一,有 FIRST 机器人、WRO 创意赛、WRO 常规赛、WER 机器人、VEX 机器人、FLL 机器人五种不同机器人竞赛,面向从小学到高中各个年龄段的学生开放。五类机器人竞赛参加及获奖选手数量基本相同,由此看出参赛学生并未对五类机器人的重要性产生侧重,大赛组委会也平衡了其报名人数。

由热力图显示,北京市在第 18 届中国青少年机器人竞赛中获得一等奖数量最多,随后是福建省和四川省,而青少年科技创新大赛一等奖数量获得较多的地域相对集中,主要包含了华南、华北、西南三大地区的省份。其可能的原因是每个省份对不同赛事的重视程度和投入程度有所不同。

三、 立项课题

全国教育科学"十三五"规划 2018 年度课题立项共 511 项获立项资助,其中创新教育相关的课题有 6 个,内容主要为 STEM 教育、创客教育,分别来自:上海师范大学、福州教育研究院、深圳盐田区教育科学研究中心、天津师范大学、河南大学、山西大同大学。

统计各地区省部级项目立项情况,其中有关创新创客教育、STEM/STEAM、人工智能的情况来源于赛事官网获奖名单公示。

全国创新教育相关课题立项数量前五名的省份为江苏省 26 项、浙江省 22 项、河南省 22 项、吉林省 17 项、陕西省 12 项,由此可以看出在 2018 年,"创新教育"对于这五个省份是热点讨论课题。

四、 政策概览

通过查阅各地区政府有关创新创客教育相关政策,得全国各行政区域的涉及创客教育等的"专门文件"统计,见表 1-1。30 个省(直辖市、自治区)中共有 19 个省(直辖市、自治区)的官方网站中发布含有"创新教育""创客教育""STEAM""STEM"关键词的政策、规范法规等文件,省份的公布率达 63.3%,这表明,超过一半的省市地区将"创新教育""创客教育""STEAM""STEM"纳入本地重要的政策文件中,这些省市主要是广东省、山东省、浙江省等分布于中国东部地区的省份。

数据采集自各省市教育部门官方网站的公示,未记录其中或未公开的,在本次全国创新教育相关政策情况调研中未被计入。从表中我们可以看出,提到有关创新教育及 STEM/STEAM 教育的权威政策并不多,各省份主要把创新教育发展的重心落在 2015 年李克强总理提出的"创客教育"上。总体上,山东省在创新教育相关政策上数量最多,一共有 3 项,其次为拥有 2 项的河南省和广东省。

表 1-1   行政区域的涉及创客教育等的"专门文件"统计

序号	行政区域	"专门"文件			
		创新教育	创客教育	STEAM 教育	总和
0	国家	0	0	0	0
1	北京	0	0	0	0
2	天津	0	0	0	0
3	河北	0	0	0	0
4	山西	0	1	0	1
5	内蒙古	0	0	0	0
6	辽宁	0	0	0	0
7	吉林	0	0	0	0
8	黑龙江	/	/	/	/
9	上海	0	0	0	0
10	江苏	0	0	1	1
11	浙江	0	1	0	1
12	安徽	0	0	0	0
13	福建	0	1	0	1
14	江西	0	0	0	0
15	山东	1	2	0	3
16	河南	0	2	0	2
17	湖北	0	0	0	0
18	湖南	0	0	0	0
19	广东	1	1	0	2
20	广西	0	0	0	0
21	海南	0	0	0	0
22	重庆	0	1	0	1
23	四川	0	1	0	1
24	贵州	0	0	0	0
25	云南	0	0	0	0
26	西藏	0	0	0	0
27	陕西	0	0	0	0
28	甘肃	0	0	0	0
29	青海	0	0	0	0

（续表）

序号	行政区域	"专门"文件			
		创新教育	创客教育	STEAM 教育	总和
30	宁夏	0	0	0	0
31	新疆	0	0	0	0

第二章　政策进展

一、 国家层面政策分析

在中国政府网和教育部等官方网站，搜索"STEAM"（STEM、跨学科学习、跨学科课程）、"创客教育"和"创新教育"等关键词，得到相关通知、意见等政策文件 11 篇（截至 2019 年 12 月 31 日）。除去 1 篇征求意见稿，10 篇涉及以上关键词的文件性质及数目如图 2-1 所示，包括 1 篇中小学装备方面的工作意见，3 篇一定时间内的规划和工作安排，3 篇课程纲要或教学指导意见，2 篇遴选示范区或试验区的通知，以及 1 篇举办活动的通知。11 篇文件中，涉及 STEAM（跨学科学习）的有 8 篇，涉及创客教育的有 9 篇。此外，5 篇还涉及人工智能教育、智慧教育等创新教育形式。

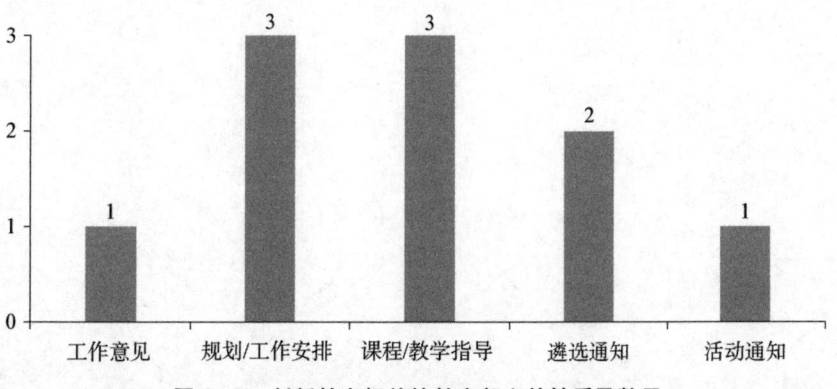

图 2-1　创新教育相关的教育部文件性质及数目

对这些文件的内容做基于时间发展的内容分析，列出关键词等信息，探究这些文件的基本内容和彼此联系。

1. 主要阶段

（1）第一阶段：出现与探索（2017 年以前）

在 2015 年以前，教育部网站涉及 STEAM、创客教育的内容多为新闻转载，直到 2015 年才进入教育部办公厅正式发文中。9 月，教育部征求十三五规划的意见时便提出"探索 STEAM 教育、创客教育等新教育模式"；2016 年，这一描述成为《教育信息化"十三五"规划》（以下简称《"十三五"规划》）

12　中国教育信息化应用创新年度报告（2019）

主要任务(第六条:深化信息技术与教育教学的融合发展)中的一部分,具体为"有条件的地区要积极探索信息技术在'众创空间'、跨学科学习(STEAM 教育)、创客教育等新的教育模式中的应用"。这里强调"有条件地区""积极探索""信息技术的应用"。而众创空间、跨学科学习(STEAM 教育)、创客教育被视作"新教育模式",而且 STEAM 教育有了一个通用名称"跨学科学习"。

2017 年 9 月,教育部印发《中小学综合实践活动课程指导纲要》①,文中将"综合实践活动"性质定义为一种"跨学科"实践性课程,并强调课程理念是发展核心素养,尤其是创新精神与实践能力。在课程内容选择与组织上应遵循实践性原则,发展实践创新能力。综合实践活动是国家义务教育和普通高中课程方案规定的必修课程,这份课程指导纲要相当于以必修课程的方式规定了跨学科课程的全面实施。但是与《"十三五"规划》中的跨学科学习(STEAM 教育)还是有一定差异,前者强调课程,后者强调的是融合信息技术的新型教育模式。

(2) 第二阶段:发展与行动(2018—2019 年)

即使 2015 年的"征求意见"、2016 年的《"十三五"规划》、2017 年的《中小学综合实践活动课程指导纲要》均涉及跨学科学习(STEAM 教育)或创客教育等,在 2018 年以前的教育部《20××年教育信息化工作要点》中却并未涉及。2018 年和 2019 年,教育部《201×年教育信息化和网络安全工作要点》均对跨学科学习(STEAM 教育)或创客教育作了相关安排,标志着跨学科学习(STEAM 教育)和创客教育在行动中受到关注,并开始进入一个新的发展时期。

2018 年 2 月,教育部《2018 年教育信息化和网络安全工作要点》将上述《"十三五"规划》第六条主要任务列为一项重点任务——促进信息技术与教育教学融合发展,提出要以基教司、中央电教馆、人教社为责任单位,探索信息技术在众创空间、跨学科学习(STEAM 教育)、创客教育等教育教学新模式中的应用,并逐步形成创新课程体系。3 月,教育部通知举办第三届全国基础教育信息化应用展示交流活动,征集创客/STEAM 案例(利用 3D 打印、物联网、虚拟现实、人工智能等新技术探索项目学习、STEAM 教育、创客教育等新型教与学模式的案例)。

2019 年 1 月,教育部决定遴选一批地区开展"智慧教育示范区"建设②,其中的建设重点之一便是开展创客教育、跨学科学习(STEAM 教育)等多种形式的创新教育,培养学习者跨学科解决问题能力和创新能力,并开设人工智能教育课程和实验项目,以应对教育科技的"零点革命"。这里,将创客教育、跨学科学习(STEAM 教育)视为不同形式的"创新教育"。2 月,《2019 年教育信息化和网络安全工作要点》印发③,继续将"智慧教育示范区"设计列为工作要点之一,并从跨学科

① 中华人民共和国教育部. 教育部关于印发《中小学综合实践活动课程指导纲要》的通知[EB/OL]. (2017 - 09 - 25). http://www. moe. gov. cn/srcsite/A26/s8001/201710/t20171017_316616. html.

② 中华人民共和国教育部. 教育部办公厅关于"智慧教育示范区"建设项目推荐遴选工作的通知[EB/OL]. (2019 - 01 - 03). http://www. moe. gov. cn/srcsite/A16/s3342/201901/t20190110_366518. html.

③ 中华人民共和国教育部. 教育部办公厅关于印发《2019 年教育信息化和网络安全工作要点》的通知[EB/OL]. (2019 - 02 - 27). http://www. moe. gov. cn/srcsite/A16/s3342/201903/t20190312_373147. html.

第二章 政策进展 13

学习(STEAM教育)等多方面遴选组建实践共同体,探索推进信息化教学应用的长效机制。继续推进信息技术在教学中的深入普遍应用,探索跨学科学习(STEAM教育)模式应用,出版基于3D打印的跨学科课程教材。

(3) 第三阶段:完善与发展(2019年后)

2019年10月,教育部通知遴选"基于教学改革、融合信息技术的新型教与学模式"试验区[1],实验内容之一便是面向学科教学和跨学科教学的信息化融合应用,关键词涉及"互动式""启发式""探究式""体验式""研究性学习""项目学习""做中学""玩中学""主题课程""专题课程""综合课程""多学科融合""跨学科学习""编程教育""创客教育""人工智能教育"等。这些基本属于STEAM(跨学科学习)教育和创客教育等创新教育模式的范畴。如果说前面有些文件只说涉及STEAM、创客教育的内容,那么这个遴选通知则可看作一个专门计划发展STEAM(跨学科学习)教育和创客教育等创新教育的文件。

实验教学是培养创新人才的重要途径。2019年11月,教育部发布关于加强和改进中小学实验教学的意见[2]。在主要举措中,第一条"完善实验教学体系"提到"注重加强实验教学与多学科融合教育、编程教育、创客教育、人工智能教育、社会实践等有机融合,有条件的地区可以开发地方课程和校本课程"。在保障实验教学条件上,支持探索建设学科功能教室、综合实验室、创新实验室、教育创客空间等,鼓励对普通教室进行多功能技术改造,建设复合型综合实验教学环境。

纵观这些文件通知,从2015的有条件地区探索STEAM教育、创客教育等新教育模式,到2016年的有条件地区探索这些模式的应用,2017年起进入探索转折期,2018年起写入教育部《教育信息化和网络安全工作要点》,已有明确的实施带头单位,以及有具体的目标——逐步形成创新课程体系。教育部举办的各种案例收集和展示活动也为创客/STEAM/创新教育的向优发展和进一步推广提供了途径。然而这些还不够,要让创客/STEAM/创新教育在大范围内进一步助推教育信息化,还需要一个完整的教育点作为示范,以此为范本推向全国。2019年,开展创客教育、跨学科学习(STEAM教育)等多种形式的创新教育示范区建设与遴选成为重点任务之一,新型教与学模式的试验区遴选活动更让创新教育的进一步发展有了孕育场。总之,多年来,中国的创新教育从无到有,从模糊到逐渐明晰,从摸索到实践,正在一步一步向前推进。

2. 关键词云

对涉及创客教育、跨学科学习(STEAM教育)等文件片段进行分析,列出关键词,对关键词进行词频统计并制作词云如图2-2所示。单纯对关键词的数目统计能反映文件中涉及创客教育、

---

[1] 中华人民共和国教育部. 教育部办公厅关于推荐遴选"基于教学改革、融合信息技术的新型教与学模式"实验区的通知[EB/OL]. (2019 - 10 - 25). http://www. moe. gov. cn/srcsite/A06/s7053/201911/t20191107_407338. html.

[2] 中华人民共和国教育部. 教育部关于加强和改进中小学实验教学的意见[EB/OL]. (2019 - 11 - 22). http://www. moe. gov. cn/srcsite/A06/s3321/201911/t20191128_409958. html.

14 中国教育信息化应用创新年度报告(2019)

跨学科学习(STEAM教育)的重点偏向,例如信息技术应用是大部分文件所重视的。但这还不全面,因为有一些关键词含义相似(如:教育模式与教学模式、信息技术与信息化)、包含(如教育环境与实验室建设、硬件设施)或为同一范畴(如信息素养、创新意识、数字化学习习惯)。因此需要对这些关键词进行归类。

图2-2 相关政策文件关键词词云

归类后的关键词及对应文件内容可归为五类,见图2-3。

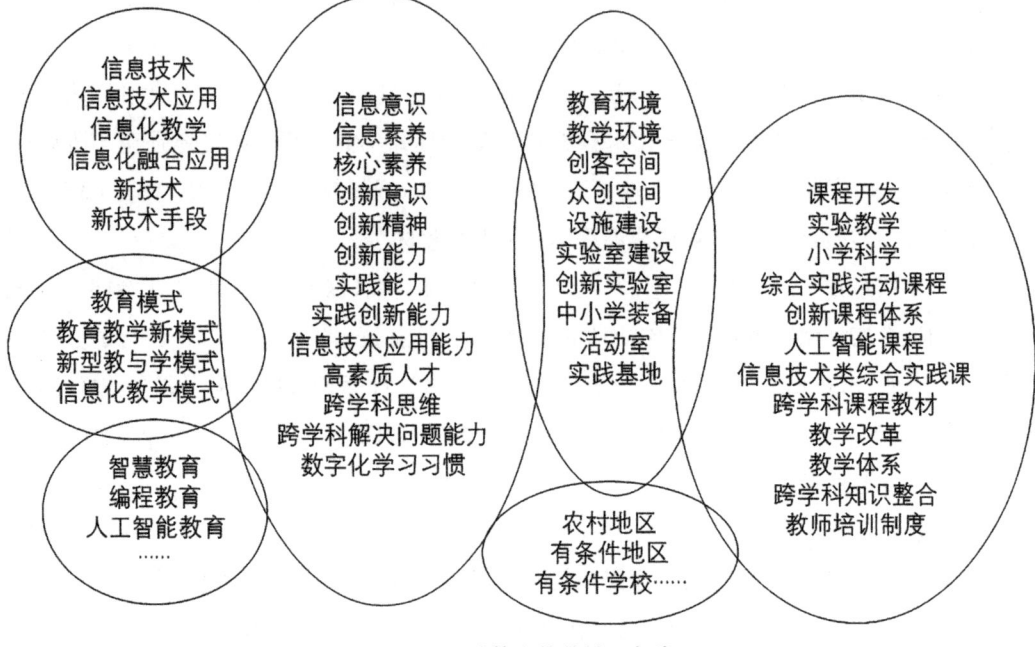

图2-3 政策文件关键词归类

第二章 政策进展 15

（1）培养目的

发展跨学科学习（STEAM 教育）、创客教育等教育，培养创新人才。培养什么样的人？换言之，这类教育的实施培养的人应达到什么结果？《"十三五"规划》指出跨学科学习等新教育模式应用（目的是）"着力提升学生的信息素养、创新意识和创新能力，养成数字化学习习惯，促进学生的全面发展，发挥信息化面向未来培养高素质人才的支撑引领作用"（在《征求意见稿》中是信息意识、创新意识、数字化学习习惯、信息安全与伦理素养）。对于"跨学科"实践性课程，《中小学综合实践活动课程指导纲要》强调其理念是发展核心素养，尤其是创新精神与实践能力。两项示范区或试验区的遴选通知指出，开展多种形式的创新教育，培养学习者跨学科解决问题的能力和创新能力，应对教育科技的"零点革命"；学科教学和跨学科教学的信息化融合应用，探索学生跨学科思维与创新能力提升。

总而言之，跨学科学习（STEAM 教育）、创客教育等创新教育培养的人至少应具备以下特质：1）具有信息素养（含信息意识、数字化学习习惯）、核心素养；2）具备创新意识、创新精神、创新能力；3）具有信息技术应用能力、实践能力、跨学科问题解决能力（跨学科思维）等。

（2）教育模式

跨学科学习（STEAM 教育）、创客教育等教育形式采取的是一种重复融合信息技术的模式。在各大文件中，跨学科学习（STEAM 教育）、创客教育被视作"创新教育""新教育模式""新型教与学模式"等。这种教育模式与信息技术紧密相连。

2015 年在《"十三五"征求意见稿》便提出"推进信息技术在日常教学中的深入、广泛应用，有条件的地区要积极探索新技术手段在教学过程中的日常应用"等。2016《"十三五"规划》则提到探索"信息技术在'众创空间'、跨学科学习（STEAM 教育）、创客教育等新教育模式中的应用"，这确定了信息技术与跨学科学习（STEAM 教育）、创客教育等创新教育有密不可分的关系。

推进信息技术在教学中的深入普遍应用，成为 2018 年和 2019 年《教育信息化和网络安全工作要点》任务之一，并继续探索信息技术在教育教学新模式中的应用。同时还强调了研究和实验：开展利用现代信息技术构建新型教学组织模式的研究，开展教育信息化 2.0 环境下信息化教学模式的研究与实验，更进一步要形成课程体系和出版教材。

新技术是信息技术的扩展。这些新技术包括 3D 打印、物联网、虚拟现实、人工智能等。第三届全国基础教育信息化应用展示交流活动的主题即为"信息技术推动基础教育教与学模式的变革与创新"，主张"新技术＋项目学习、STEAM 教育、创客教育等新型教与学模式"。教育部甚至遴选"基于教学改革、融合信息技术的新型教与学模式"实验区，实验内容之一即为"面向学科教学和跨学科教学的信息化融合应用"。

以上都表明信息技术在当今教育中地位的重要性。可以毫不迟疑地认为：要在中国发展跨学科学习（STEAM 教育）、创客教育等创新教育模式，离不开信息技术。除此之外，智慧教育、人工智能教育等新教育模式的出现和发展也会对创新教育的发展有不可估量的影响。

（3）培养途径

教育部发布的文件中，3篇涉及中小学课程教学的文件或多或少提及跨学科学习（STEAM教育）、创客教育等创新教育，其中2017年有2篇。《义务教育小学科学课程标准》提到"有条件的学校可以增设创客空间"。综合实践活动课程是一类"跨学科"实践性课程，《中小学综合实践活动课程指导纲要》对综合实践活动课程的内容、活动方式、课程管理等方面做整体介绍，也提到建立指导教师培训制度，提升教师的跨学科知识整合等能力。注意并重视教师培训，这在其他文件中是没有的。2019年有1篇。《教育部关于加强和改进中小学实验教学的意见》将"实验教学＋多学科融合、创客教育"作为"完善实验教学体系"的一部分，列在《意见》的主要举措中，并指出"有条件的地区可以开发地方课程和校本课程"。

在2018和2019两年的《教育信息化和网络安全工作要点》文件中，分别提出"逐步形成创新课程体系"（信息技术＋众创空间、跨学科学习、创客教育等教育教学新模式的课程体系）、"出版基于3D打印的跨学科课程教材"。同时举办活动征集创客/STEAM展示案例，为各地探索跨学科学习提供启发和借鉴。

除此之外，教育部还在示范区遴选时，将相关课程的要求加入其中。在"智慧教育示范区"推荐遴选时建设重点之一是，以课程和实践为核心、广泛开展信息技术类综合实践课，开展创客教育、跨学科学习（STEAM教育）等多种形式的创新教育，开设人工智能教育课程和实验项目。

总言之，通过对各类已有课程的意见和未来课程的规划，实现培养目的。这些课程包括综合实践活动（含信息技术类综合实践课）、地方课程、校本课程，以及创新课程体系、人工智能教育课程，同时包括创客或STEAM的案例和基于3D打印的跨学科课程教材。

（4）教育环境

在跨学科学习（STEAM）、创客教育等创新教育中，创客教育的实施似乎更具有可操作性。与创客教育相关的创客空间、实验室、硬件设施等教育环境建设在官方文件中备受重视。2016年，教育部《关于新形势下进一步做好普通中小学装备工作的意见》指出主要任务——做好配备工作：支持探索建设综合实验室、特色实验室、学科功能教室、教育创客空间等教育环境，将教育创客空间作为新型教育环境对象以支持建设。这表明了创客教育环境的重要性。第二年，《义务教育小学科学课程标准》更加具体地将科学实验室的建设、利用与管理与创客空间联系在一起。原文是：有条件的学校，可以在科学实验室中增设科学图书角、材料角、工具角、实践角、创客空间、成果展示角和专题研究中心等，使实验室发挥更多的学习功能。这一文件清晰地将创客列入义务教育阶段的课程标准之中，使创客教育在小学的实施和开展有据可依。在《中小学综合实践活动课程指导纲要》课程支持体系建设与保障中的硬件配套与利用中，也指出"有条件的学校可以建设专用活动室或实践基地，如创客空间等"。《教育部关于加强和改进中小学实验教学的意见》对"实验教学＋多学科融合、创客教育"保障实验教学条件，支持探索建设创新实验室、教育创客空间等。

在创新教育的教育环境的探索和实施上，部分地方也和教育部的指示较为一致。2017年，湖北省教育厅发布《关于进一步做好普通中小学装备工作的实施意见》，将"有条件的城区和发达地区学校建有文科综合类实验室、地方（校本）课程实验室、创客教育空间及其他特色活动场所"列入具体目标，并在工作重点中提到"支持探索建设综合实验室、特色实验室、学科功能教室、教育创客空间等教育环境"。

（5）地域差异

教育部的文件充分考虑到不同地区的差异，并对农村地区加以照顾。

2018年3月，教育部征集新技术探索项目学习、STEAM教育、创客教育等新型教与学模式的案例，提出"尤其要注重挖掘展示农村地区开展上述教学活动的典型案例"[1]。2019年10月，教育部网站公布一个教育扶贫典型案例——重庆师范大学对口重师城口附中的扶贫模式经验与启示[2]。被扶学校的实验楼、STEM创客工作室等硬件建设陆续投入使用，结合招生、师资培训、"三下乡"等活动，教育扶贫取得了显著的成效。可见国家对STEAM教育、创客教育等新型教与学模式在农村地区的应用也极为重视，反映这些新型教学模式在中国全面推广和应用的前景，同时隐含我们对这些新模式教学的应用在教育扶贫方面的期待。

对于STEAM教育、创客教育等新型教与学模式的应用，教育部文件采取"视情况而定"的策略。在《"十三五"规划》中对信息技术应用于跨学科学习、创客教育是一种局限性要求，"'有条件的地区'要积极探索信息技术在……的应用"。另外教育部三篇课程教学指导文件相关的表述分别为："'有条件的学校'可以增设创客空间""'有条件的学校'可以建设专用活动室或实践基地，如创客空间等""'有条件的地区'可以开发地方课程和校本课程"。的确，全国各省各市情况不一样，每个地区、学校应根据自身发展状况和实力"量力而行"。这同时也透露了STEAM教育、创客教育等新型教学在全国普遍应用和推广是一个任重道远的"大工程"。

二、地方层面政策分析

1. 整体分析

对中国除香港、澳门、台湾地区的31个行政区域（省、直辖市、自治区）的人民政府网和省教育厅（市教委）的网站进行相关政策文件的搜索（截至2019年8月30日），以"创新教育""创客教育""STEAM""STEM"为关键词进行搜索，统计包含这些关键词的"专门"性文件和涉及这些词的文

---

[1] 中华人民共和国教育部. 教育部办公厅关于印发《2018年教育信息化和网络安全工作要点》的通知[EB/OL]. (2018-02-11). http://www.moe.gov.cn/srcsite/A16/s3342/201803/t20180313_329823.html.

[2] 中华人民共和国教育部. 教育扶贫典型案例——重庆师范大学对口扶贫模式的经验与启示[EB/OL]. (2019-10-15). http://www.moe.gov.cn/jyb_xwfb/xw_zt/moe_357/jyzt_2019n/2019_zt27/jyjs/chongqing/201910/t20191015_403624.html.

件进行统计,结果如表2-1。

(1) 总体分布

由表可知,31个省(直辖市、自治区)中共有19个省(直辖市、自治区)的官方网站中发布含有"创新教育""创客教育""STEAM""STEM"关键词的政策、规范法规等文件,省份的公布率达61.3%,这表明,超过一半的省市地区将"创新教育""创客教育""STEAM""STEM"纳入本地重要的政策文件,这些省市主要是广东省、山东省、浙江省等位于中国东部地区的省。31个省(直辖市、自治区)中共有12个省(直辖市、自治区)的官方网站中未发布含有"创新教育""创客教育""STEAM""STEM"关键词的政策、规范法规等文件,这表明,仍有部分的省市地区未将"创新教育""创客教育""STEAM""STEM"纳入本地重要的政策文件中,这些省市主要是广西、海南、青海、西藏、甘肃等欠发达地区,也包括天津、河北等省市。而这一现象的原因是多方面的,可能的原因包括:1)相关政策、规范性文件已经发布,但是尚未公布在人民政府网和相关教育部门;2)相关地区的确未发布相关政策、规范性文件。这可能是因为这些地区对"创新教育""创客教育""STEAM""STEM"等尚不重视,或者本地区条件有限,暂不支持相关活动的开展。

表2-1　行政区域涉及相关关键词的文件统计

序号	行政区域	"专门"文件				"涉及"文件
		创新教育	创客教育	STEAM	总和	
0	国家	0	0	0	0	7
1	北京	0	0	0	0	1
2	天津	0	0	0	0	0
3	河北	0	0	0	0	0
4	山西	0	1	0	1	1
5	内蒙古	0	0	0	0	1
6	辽宁	0	0	0	0	3
7	吉林	0	0	0	0	0
8	黑龙江	0	0	0	0	0
9	上海	0	0	0	0	2
10	江苏	0	0	1	1	2
11	浙江	0	1	0	1	4
12	安徽	0	0	0	0	0

第二章　政策进展　19

（续表）

序号	行政区域	"专门"文件				"涉及"文件
		创新教育	创客教育	STEAM	总和	
13	福建	0	1	0	1	2
14	江西	0	0	0	0	2
15	山东	1	2	0	3	6
16	河南	0	2	0	2	3
17	湖北	0	0	0	0	2
18	湖南	0	0	0	0	1
19	广东	1	1	0	2	10
20	广西	0	0	0	0	0
21	海南	0	0	0	0	0
22	重庆	0	1	0	1	3
23	四川	0	1	0	1	1
24	贵州	0	0	0	0	1
25	云南	0	0	0	0	1
26	西藏	0	0	0	0	0
27	陕西	0	0	0	0	2
28	甘肃	0	0	0	0	0
29	青海	0	0	0	0	0
30	宁夏	0	0	0	0	0
31	新疆	0	0	0	0	0

注："专门"文件指专门关于创新教育、创客教育、STEAM 教育等的文件通知等；"涉及"文件指涉及（或包含）创新教育、创客教育、STEAM 教育等的文件通知等。

（2）差异分析

在这些已发布相关文件的省市中，每个省市自治区又有各自的特点，见表 2-2。在文件数目上，最大值是 10，广东省的相关文件数目最多的，至少含有 10 份，这与广东省省政府和省教育厅以及广州市、深圳市等地方都极为关注有较大的关系。在这些数量中，最小值是 0，中位数是 1，平均值是 1.77，方差是 5.20，这表明文件数目较为分散，不同省份之间，发布的相关政策文件数目存在较大的差异,这反映了各省市地区在对待教育信息化上也有较大的差异。

表 2-2　行政区域的"专门文件"统计差异比较

省市	数目	省市	数目	省市	数目	省市	数目	省市	数目
天津	0	北京	1	上海	2	辽宁	3	浙江	4
河北	0	山西	1	江苏	2	河南	3	山东	6
吉林	0	内蒙古	1	福建	2	重庆	3	广东	10
安徽	0	湖南	1	江西	2				
广西	0	四川	1	湖北	2				
海南	0	贵州	1	陕西	2				
西藏	0	云南	1						
甘肃	0								
青海	0								
宁夏	0								
新疆	0								

在上述表格中,对"创新教育""创客教育""STEAM""STEM"专门发布政策文件的省市共有 9 个,专门文件总和是 13 份,见表 2-3。

表 2-3　涉及创客教育等的"专门文件"行政区域统计

序号	省市	"专门"文件				"涉及"文件
		创新教育	创客教育	STEAM	总和	
4	山西	0	1	0	1	1
10	江苏	0	0	1	1	2
11	浙江	0	1	0	1	4
13	福建	0	1	0	1	2
22	重庆	0	1	0	1	3
23	四川	0	1	0	1	1
16	河南	0	2	0	2	3
19	广东	1	1	0	2	10
15	山东	1	2	0	3	6
	合计	2	10	1	13	32

第二章　政策进展　　21

由表 2-3 可知,与这几个关键词相关的 13 份"专门文件"中,大多是有关创客教育的,共有 10 份,占比 76.92%。这 10 份文件的具体内容如表 2-4。由表 2-4 可知,广东省深圳市最早将创客纳入市人民政府的文件中。2016 年,浙江温州和河南郑州也快人一步发布创客教育发展的指导。在接下来的几年,重庆市、山东省、四川省、山西省、福建省也相继发布创客教育的指导意见,同时,山东省也发布了有关创客空间建设的指导意见。详细内容将在后面继续分析。

表 2-4 "创客教育"相关专门文件内容

序号	时间	省市	机构	内容
1	2015.6	广东	深圳市人民政府	关于印发促进创客发展若干措施(试行)的通知
2	2016.2	浙江	温州市教育局	关于印发加快推进中小学创客教育发展指导
3	2016.8	河南	郑州市教育局	关于切实推进中小学创客教育健康发展的指导意见
4	2017.3	重庆	九龙坡区政府	九龙坡区积极推进中小学创客教育发展
5	2017.4	河南	省教育厅	关于进一步推进中小学创客教育的通知
6	2018.1	山东	淄博市教育局	关于推进全市学校创客教育发展的指导意见
7	2018.4	四川	省教育厅	关于进一步推进四川省中小学创客教育发展的通知
8	2019.3	山东	省教育厅	关于印发山东省学校创客空间建设指导意见的通知
9	2019.5	山西	省教育厅	关于开展中小学校创客教育的指导意见
10	2019.7	福建	宁德市教育局	关于加快推进全市中小学创客教育的通知

而与 STEM/STEAM、创新教育相关的分别为 1、2 份,数量较小。STEM/STEAM 相关文件为江苏省在 2018 年 9 月的江苏 STEM 教育大会上发布的《江苏省基础教育 STEM 课程指导纲要(试行)》。创新教育相关文件为山东省临朐县教育局于 2017 年 4 月发布的《关于加快推进中小学创新教育发展的实施意见》和深圳市教育局 2015 年 11 月印发的《深圳市中小学科技创新教育三年行动计划(2015—2017 年)》。综上所述,目前国内对创客教育的重视程度和实施力度远远大于其他的信息化教育形式。

2. 词频分析

编程语言 python 的 jieba 库是优秀的中文分词库,采用 jieba 库的精准分词模式对相关所有文本进行词频分析,选取词频大于 36 的 47 个高频词,排序后结果如表 2-5 所示。并对该表结果根据词频大小绘制词云(绘制在网站 https://wordart.com/create 上进行)。为了使结果更可信,采用 jieba 库的另一种分词模式(全模式)进行分词、统计词频,并绘制词云图,见图 2-4。

表 2-5　地方文件关键词词频统计表

排序	关键词	词频	排序	关键词	词频
1	创客	651	25	信息化	56
2	教育	558	26	教学	56
3	创新	218	27	STEAM	56
4	建设	197	28	关于	53
5	学校	189	29	指导	53
6	课程	188	30	信息技术	52
7	学生	158	31	技术	52
8	空间	127	32	特色	50
9	发展	117	33	科学	49
10	活动	109	34	资源	48
11	学习	105	35	能力	47
12	推进	93	36	鼓励	46
13	科技	91	37	实验室	45
14	开展	86	38	组织	41
15	教师	77	39	平台	41
16	工作	75	40	探索	39
17	培养	71	41	模式	39
18	实践	71	42	促进	38
19	中小学	67	43	通知	37
20	应用	61	44	研究	36
21	项目	61	45	学科	36
22	支持	60	46	方式	36
23	实施	59	47	开发	36
24	加强	58			

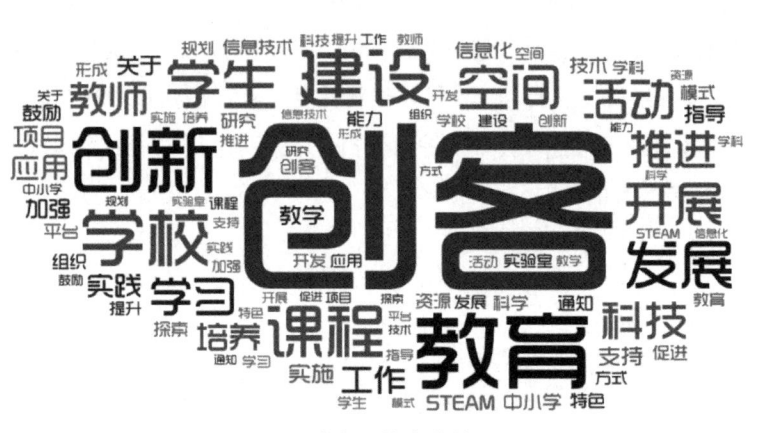

图 2-4　地方文件中关键词词云

第二章　政策进展　　23

由表2-5和图2-4可知,关键词除了"创客""教育""创新"等词外,余下的关键词可分为几大类:

第一类是对象类,包括"学校""学生""教师"等,这是文件针对的教育对象;

第二类是动词类,包括"建设""开展""组织"等,这是教育实施的活动动作;

第三类是"活动""项目""课程""资源"等,这是教育内容和资源;

第四类是"平台""实验室""空间"等,这是教育环境;

第五类是"科技""信息化""信息技术"等,这是实施手段和中介。

根据分类,并结合文件内容,我们可以知道,"创新教育""创客教育""STEAM""STEM"的发展主要场地是学校,通过教师和学生等教育对象来实施;实施的方式主要是通过建设课程、开展和组织活动、项目、资源等;并且这些的实现也要依托于"实验室""空间"和"平台"等教育环境,同时离不开"科技""信息化""信息技术"等的技术手段。

3. 内容评述

教育部下达文件后,各省、市、自治区的实施不尽相同。部分省份步调与教育部一致甚至超前,例如江浙沪地区、广东、深圳;部分省份虽步调迟缓,但也紧跟其后,如湖北、山西等;而某些省份由于经济、教育等方面着实欠发达,至今未能发布可实施的指导意见,如新疆、西藏。从教育信息化发展的三个方面(这三个方面分别是创新教育、创客教育和STEAM教育)来理解,创新教育无疑是发展最早的,但目前也是提的最少的(深圳市文件中较为关注),这与它较为模糊和宏大的概念有一定的关系。STEAM教育和创客教育是目前发展较热和较新的概念和教育实践方式,从各省市区周的文件来看,涉及STEAM教育的政策文件远远多于创新教育的,同时STEAM教育往往嵌入到校本课程、拓展课程、创客教育课程中。

(1) 创新教育

涉及创新教育的政策文件大多是在较早的时候,如2006年重庆市发布的《中长期科学和技术发展规划纲要(2006—2020年)》且文件中仅稍有涉及。正如我们所看到的,创新教育的发展往往与科学技术教育息息相关,在大多数省市没有涉及到科技教育发展的文件时,深圳市发布了《深圳市中小学科技创新教育三年行动计划(2015—2017年)》[1](部分内容见图2-5)。该文件聚焦于目前各国都高度重视的科技发展,提出"科技创新教育",将我们熟知的教育信息化发展中的创客教育和STEAM教育融入其中,并不是将其分隔开来。这可以看出深圳市将创客教育和STEAM教育作为创新教育的一部分。

_____

[1] 深圳市教育局.深圳市教育局关于印发《深圳市中小学科技创新教育三年行动计划(2015—2017年)》的通知[EB/OL].(2015-11-02). http://www.sz.gov.cn/jyj/zcfggfxwj/zcfg/mbjyjg_1/201511/t20151111_3352435.htm.

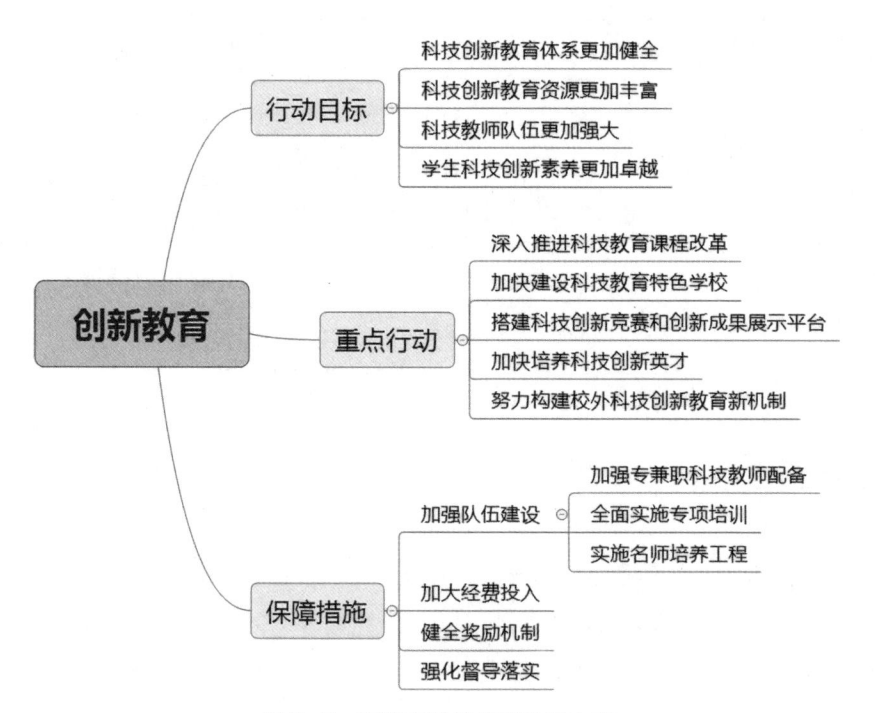

图 2-5 深圳市科技创新教育内容

这份文件对于其他省市地区制定相关方案有较好的借鉴意义。在行动目标上，聚焦于四个方面：1)健全科技创新教育体系；2)丰富科技创新教育资源；3)强大科技教师队伍；4)使学生科技创新素养更加卓越。在重点行动方面，包括 5 个大方面共 21 个小方面，见表 2-6。

表 2-6 深圳市创新教育重点行动

	重点行动大方面	重点行动小方面
1	深入推进科技教育课程改革。	1) 建设具有深圳特色的科技教育地方课程； 2) 大力推进 STEM 课程； 3) 配备先进的科技教育设备设施； 4) 全面推进研究性学习； 5) 创建高水平科技兴趣小组和社团。
2	加快建设科技教育特色学校。	1) 建设科技教育特色项目； 2) 建设科技教育特色学校。
3	搭建科技创新竞赛和创新成果展示平台。	1) 积极开展各类科技创新竞赛活动； 2) 努力打造科技创新竞赛高端品牌； 3) 积极举办"学生创客节"。

第二章 政策进展   25

（续表）

	重点行动大方面	重点行动小方面
4	加快培养科技创新英才。	1）建立中小学科技创新教育中心； 2）实施"少年科学家"计划； 3）建立科技创新英才选拔机制； 4）支持中小学开展创新英才培养试验。
5	努力构建校外科技创新教育新机制。	1）建立科技创新教育工作联席会议制度； 2）加快建设校外科技教育基地； 3）开展"大手拉小手"科普行动； 4）设立"科技创新教育周"。

在保障措施方面，从四个方面着手：加强队伍建设、加大经费投入、健全奖励机制、强化督导落实。

一是加强队伍建设。这包括三个部分。1)加强专兼职科技教师配备。到2017年，全市小学要配齐科学教师，初中和高中要加强数学、物理、化学、生物等学科教师配备，高中要加强工程、技术等方面的教师配备，大力提升科技创新教育教师队伍的专业水平。加大科技创新教育教师引进力度，支持学校聘请高校专家、科研院所专家、企业工程师等校外科技人员，辅导学校开展科技社团活动，共同打造学校科技教育特色项目。2)全面实施专项培训。依托深圳市科技创新教育中心，通过专题讲座、实践操作等形式，以课程实施能力和创新发明指导能力为重点，对全市中小学科技教师进行专业培训，整体提升我市科技教师专业水平。3)实施名师培养工程。建立一批市、区科技创新教育名师工作室，组织一线科技教师参与培训和项目研发。实施"名企进修"项目，每年在中小学选拔一批优秀科技教师，依托科技创新教育基地，参与基地项目开发和企业科技研发活动。每年选拔并资助一批科技教师参加国家级科技竞赛培训活动，重点培养50名到100名科技教育名师。

二是加大经费投入。把科技创新教育经费纳入教育部门和中小学年度预算范围，鼓励各类公益基金加大对科技创新教育的投入，支持科技创新教育设施建设和开展各类科技创新教育活动。

三是健全奖励机制。建立校外科技创新教育基地等级评选制度、公共财政补贴制度和奖励制度。建立市、区、校三级科技创新教育特色项目、科技兴趣小组、科技社团评比标准和奖励制度。建立行动计划专项奖励制度，对实施行动计划工作突出、成效显著的学校、校长、教师和学生予以表彰奖励。

四是强化督导落实。把中小学科技创新教育作为中小学办学水平评估的重要内容，把中小学生科技素养纳入学生综合素养"阳光评价"之中。建立科技创新教育三年行动计划实施年度报告制度，公布行动计划年度实施情况。三年行动计划实施结束后，由市政府督导部门对行动计划实施情况进行专项督导,形成专门报告并向社会公布。三年行动计划专项督导评估后,重新确定下一步科技创新教育的工作目标和计划。

这份文件目标简洁明确,重点行动大方面、小方面列举细致,并有强有力的保障措施。无论对于创新教育的实施,还是创客教育、STEAM 等不同的教育形式的推广和普及,都有较好的参考价值。

(2) STEM/STEAM 教育

在各省市的政策文件中,STEM/STEAM 专门的文件为江苏省在 2018 年 9 月的江苏 STEM 教育大会上发布的《江苏省基础教育 STEM 课程指导纲要(试行)》,但是至今未见官方机构发布的公开版本。而在各省市提及的文件中,也只是"提及"的层面。大多是这样的一句话:有条件的地区探索信息技术在"众创空间"、跨学科学习(STEAM 教育)、创客教育等新型教育模式中的应用。而少数省市也有自己独特的"描述"。以下是几个例子。

1) 鼓励探索开展众创空间、跨学科学习(STEAM 教育)、创客教育等新教育模式实践,广泛实施信息技术支持的合作学习和自主学习,满足师生的创新应用需求,促进教学理念、教学模式和教学内容改革。(上海市)

2) 着力推进国家课程校本化实施和校本课程特色化,以学生发展核心素养为基础,打破学科界限,开展综合课程、主题课程、STEAM(科学、技术、工程、艺术和数学)课程等跨学科、融合性课程。(浙江省、四川省)

3) 深入开展"互联网+"自信学习、个性化教学、跨学科学习(STEAM 教育)、创客教育、移动学习等新型教育模式的探索与实践,培育一批"互联网+"智慧教育示范基地与教育信息化创新应用的示范典型。(广东省广州市)

4) 丰富智慧课程内容,开设中小学编程教育、STEAM 教育和创客教育等,培养学生创新思维。(重庆市)

5) 中小学创客教育课程体系建设,应以培养未来"创造者"为目标,以培养创新意识、创新思维、创新能力和创新精神为目的,以"做中学、创中学"为主要学习方式,注重综合运用能力、动手实践能力的培养,融合 STEAM 教育、项目学习理念,注重与各学科深度融合的创新、实践与研究,注重课程结构与资源的迭代发展。(福建省、河南省)

6) 依托嘉兴市中小学综合实践活动中心新建工程,建成人工智能实验室、创客中心、STEAM 教育基地和航空航天高科技体验营,促进基于技术的自适应综合学习。(浙江省)

可以看到,不同省市对于 STEAM 教育的定位是不同的。有的将其视作"教育模式",借此促进教育教学改革。有的将其视作"课程",以发展学生的核心素养、创新思维等特质。有的则将其视作教育环境的一部分。可见地方上对 STEAM 没有一致的"共识",以及"有条件地区"和"探索"等词的频繁使用,反映地方上对 STEAM 教育仍处于探索和实践中。

(3) 创客教育

从目前的情况来看,创客教育是发展得最快的,创客教育的政策方针等规范性文件又多于STEAM教育。各省市,包括地级市都出台了有关创客教育发展的政策文件。这些文件大多是在中央出台相应的文件之后,各省市的教育厅或教委出台相对详细的文件,再由底下的县市区来制定面向学校的更具体的方针。

各地方政府或教育厅、教育局、市教委关于创客教育或STEAM教育专门发展的文件比较少,以专门发展创客空间为例的文件更加少,而深圳市在这一方面则是一个典范。它在2015年到2017年间发布了多个关于促进创客发展的文件,包括《促进创客发展若干措施(试行)》(2015年6月,深圳市人民政府发)、《深圳市中小学科技创新教育三年行动计划(2015—2017年)》(2015年11月,深圳市教育局发)、《关于促进人才优先发展的若干措施》(2016年3月,深圳市人民政府发)、《关于加强科技研发促进技术创新的若干措施》(2017年6月深圳市大鹏新区发),从市政府到下属区均涉及到支持创客教育的发展。

中小学创客教育发展,以重庆市九龙坡区为例。

对于教育政策的实施而言,最终落实到中小学的学校、教师、管理等方面的实施是一大挑战,因此具有可操作性的方针尤其重要。以重庆市九龙坡区为例,区政府发布了《重庆市九龙坡区积极推进中小学创客教育发展》的文件①。文件内容短小精悍,对于中小学来说具有较强的实践性和操作性,它指出要从三个方面来推进中小学的创客教育发展。这三个方面分别是创客课程、创客空间和创客群体。

一是探索学校试点,分步建设创客空间。按"试点先行、分步推进、兼顾特色"的原则,遴选部分学校,利用计算机教室、开放实验室、综合实践室、社团活动室等场所建设创客实践室,每年建设2—5所"校园创客实践室",配置创客教育所需的基础设施、活动套件和软件资源,至2020年,全区新建、改建20个特色鲜明、初具规模的"校园创客实践室"并授牌。探索推进校企、校际的创客教育合作平台建设,与重庆城雕院等企业共建"3D小创客"项目,鼓励有条件的学校积极加入"重庆市青少年创客联盟",支持校园创客实践室建成后向辖区师生开放,逐步实现学校创客空间共享、创客资源共建,满足学生跨专业、跨学校、跨区域的创客教育需求。

二是立足素养提升,科学架构创客课程。整合创客课程与学校课程,推进创客教育的学科渗透,鼓励和支持各中小学依托信息课、社团课、科技课、实践课建设创客课程,着力提升学生的创新意识,至2020年,全区在小学3年级以上逐步开设创客课程,完善学校创客课程体系。融合线上学习和线下实践,通过网络平台提供项目方案、微课课件、学习资料等创客学习资源,依托创客课程开展3D打印、模型搭建、物联网设计等创客实践活动,充分挖掘创新潜能。

三是激励全员参与,着力培育创客群体。建设创客教师成长激励机制,在区教师进修学院配

---

① 重庆市政府网. 重庆市九龙坡区积极推进中小学创客教育发展[EB/OL]. (2017 - 03 - 08). http://www.cq. gov. cn/zwxx/zwdt/content_102654.

备1名创客教育教研员,全区成立创客教育"名师工作室""教师工作坊""学科教研组",采取"传帮带"等形式加强业务指导,对创客教育理论研究、项目组织、课程建设、学生指导等方面有突出贡献的教师,在推优评先和职称晋升上给予倾斜。构建创客活动多方参与模式,每年组织1次师生创客文化节(嘉年华)活动,定期开展创客科技制作、创客分享交流、创客亲子体验等活动,引导教师、学生和家长广泛参与,形成良好的创客教育氛围。

(4) 典型省市分析

下面以几个省市为例分析各地方性文件的内容及其特点。

1) 湖北省

与教育部发布的文件指示精神一致,湖北省不久便发布了本省的实施意见。2016年12月,湖北省人民政府印发《湖北省教育事业发展"十三五"规划》,以相似的表达指出:有条件的地区要积极探索信息技术在"众创空间"、跨学科学习(STEAM教育)、创客教育等新的教育模式中的应用。而这一描述在教育部和大部分省市的地方文件中是经常重复的,而且往往没有下文的详细内容。相同的内容广东省发布的时间晚了半年,同样不伴有详细解释和具体实施方案。这句话成了不承前不启后的独立句子,似乎是为了存在而存在,关键词也没有在文件的其他部分再次出现。这不仅反映了"众创空间"、跨学科学习(STEAM教育)、创客教育等新的教育模式在"十三五"规划中的重要性,也反映了这些教育模式目前的实施模糊性和正处在探索的阶段。

2) 上海市

上海市作为全国发展的领跑者,将"鼓励探索开展众创空间、跨学科学习(STEAM教育)、创客教育等新教育模式实践"作为上海市"十三五"规划的重点举措之一,并去掉"有条件的地区"限定词,显示出上海的绝对自信。事实上,上海绝对有足够的资本自信。通过查询各省市政府网和教育厅、教育局发现,跨学科学习(STEAM教育)是大部分省市的政策文件未能涉及的。而上海早在教育部发文之前便已关注到STEAM在世界其他国家和地区的热度,并纳入2014年的《上海市教育委员会关于2014年下半年区县教育工作的补充意见》中。该文件指出,引进和试验STEM课程(科学、技术、工程、数学融合课程),开展新一轮基于课程的主(专)题创新实验室的创建规划和建设工作。在接下来的几年里,上海举办多种活动和比赛,鼓励STEAM的探索和应用。这在全国是领先的举措。

3) 江苏省

与上海临近的江苏和浙江也是国内探索和应用STEAM的大省。2016年10月,南京市市政府办公厅印发《南京市全民科学素质行动计划纲要实施方案(2016—2020年)》,将实施青少年科学素质行动作为重点任务,并通过开展STEM教育、创客教育、机器人教育,研制相关课程的指南,指导学校实施科技教育的相关课程,推动科普教育。同时,该文件对创客和创新教育也是大力支持,甚至提出了"'十三五'期间在全市建设100所创客教育实验学校,建设有本校特色的科普实验基地,90%的学校建有不少于一个项目的科技教育创新实验室"的口号,极力支持创客参与科普产品的创新、创造、创业。另外,2018 年的江苏 STEM 教育大会发布了《江苏省基础教育 STEM 课程指导纲要(试行)》,这是全国第一份关于 STEM 课程指导的纲要。理论上应该是具有 开创性的实践指导意义和领先价值的。但笔者通过多番辗转找到该文件的截图版,结果大失所 望。该文件更像是白皮书类的国内外 STEM 的介绍/总结/文献综述,并无具体的课程实施指导, 也不涉及详细的如何根据江苏省特点在江苏开展的方案。

4)浙江省

2018 年 12 月,浙江省教育厅印发《浙江省教育信息化三年行动计划(2018—2020 年)》,在 "'数字高校'建设行动"中提到"推进信息技术在'众创空间'、跨学科学习、创客教育等新的教学 模式中的应用""继续办好中小学电脑制作、智能机器人和创客比赛等活动,不断创新活动内容和 形式";在"基础教育精准教学行动"中提到"以学生发展核心素养为基础,打破学科界限,开展综 合课程、主题课程、STEAM(科学、技术、工程、艺术和数学)课程等跨学科、融合性课程","推进基 于技术的混合式学习、合作学习、项目学习、移动学习、分层教学、STEAM(科学、技术、工程、艺术 和数学)教育"。至此,该文件是相对涉及到 STEAM/创客/创新教育最多信息的政府文件。浙江 省的文件虽然出台晚,但是在相关内容的详细程度和具体可实施性上具有模范作用。

5)四川省

如果说在 STEAM 教育的文件上浙江省表现突出的话,四川省在创客教育上的政策是最为 具体的。2018 年 4 月,四川省教育厅公布《关于进一步推进四川省中小学创客教育发展的通知》。 这是一份专门针对创客教育发展的政策文件,文件全文围绕创客教育展开,从工作目标、主要任 务、保障措施等几个方面详细阐述了推进四川省中小学(含中等职业学校)创客教育发展的方针。 文件的工作目标写道:按照"统筹规划、顶层设计、试点先行、特色发展"的工作思路,科学规划、整 体推进、分步实施。制定创客空间建设指南;建设省级创客教育试点学校;培养创客教育骨干教 师;研发创客教育课程;开展创客教育活动,推动创客教育在我省中小学全面普及,培育和形成具 有四川特色的创新教育文化。

四川省的主要任务从制定发展规划、创客环境建设、做好师资培养、开设创客课程、开展创客 活动、加强宣传交流、建立评价机制共七个方面展开,内容全面、逻辑清晰、细节具体,具有较好的 可操作性,同时对各市(州)教育行政部门有良好的指导性。再将加强组织领导和加大经费投入 作为实施的保障措施,为四川省的创客教育发展保驾护航。该文件对其他省市制定对应的政策 方针也具有较大的借鉴和参考意义。

6)其他

针对广西、贵州等相对欠发达的省市(自治区)政府网站和教育管理网站搜索,未搜集到对应 省市(自治区)的政策文件。除去信息公布不及时、不透明的可能性,欠发达省市(自治区)在 STEAM 教育、创客教育、创新教育等方面的行动表现得较为迟缓。

三、 主要国家政策分析

1. 美国

(1) STEAM 教育

早在 1986 年,美国国家科学委员会发表的《本科的科学、数学和工程教育》报告中,就提出了"科学、数学、工程和技术教育集成"的建议,这一建议通常被视为 STEM 教育的开端。自此,美国陆续出台了发展 STEM 教育的政策法令。如《总统 2012 预算要求和中小学教育改革蓝图法案》,决定斥资 2 亿 600 万来推进 STEM 有效教学。2015 年又颁布了《2015 年 STEM 教育法案》,重申了 STEM 教育的定义,明确将计算机科学纳入 STEM 教育的范畴,同时也强调了非正式的 STEM 教育。这期间还出台了多个相关的推进计划和方案等,促进了美国 STEM 教育迅速、高效地发展。1986 年,《本科的科学、数学和工程教育》报告拉开 STEM 教育发展的序幕后,1996 年,美国国家科学基金会(NSF)发表了题为《塑造未来:透视科学、数学、工程和技术的本科教育》的报告,该报告回顾并总结了美国大学科学、数学、工程和技术教育的十年进展,同时也关注了 STEM 的师资问题。

2005 年,美国国家科学院(NAS)、国家工程院(NAE)、医学科学院(IOM)和国家研究委员会(NRC)向美国国会提出了《驾驭风暴:有活力地工作为美国经济更加辉煌的未来》,该报告是 21 世纪美国科技教育发展的战略性报告,旨在揭示美国面临的紧迫问题并研究具体对策,从而确保 21 世纪的美国继续在科学与工程方面占据领先地位。2006 年,美国国会在上述报告基础上提出了《美国竞争力计划:在创新中领导世界》报告,将高达 1360 亿美元的经费投入到 K-12 师资培训和大学层面的研究计划、奖学金和支持计划,被认为是小布什政府科技与教育发展的宏伟蓝图。

2007 年,美国州长协会(National Governors Association)颁布《创新美国:拟定科学、技术、工程与数学议程》(Innovation America: Building a Science, Technology, Engineering and Math Agenda),强调了"STEM 素养"在知识经济时代人才竞争中的重要意义[①]。同年,美国国会通过《为有意义地促进一流的技术、教育与科学创造机会法》(America Creating Opportunities to Meaningfully Promote Excellence in Technology, Education, and Science Act),该法的缩写在英语中恰好为"竞争"一词,所以又称作《美国竞争法》。该法案确定,从 2008 年到 2010 年间要为联邦层次的 STEM 研究和教育计划投资 433 亿美元,投资方向将涉及到奖学金、STEM 师资培训以及大学层面的 STEM 研究计划。同年,美国国家科学基金会(NSF)还发表了《国家行动计划:应对

---

① National governors association. Building a science, technology, engineering, and math agenda. [EB/OL]. (2017-12-22). http://www.nga.org/files/live/sites/NGA/files/pdf/0702INNOVATIONSTEM.

美国科学、技术、工程和数学教育系统的紧急需要》的报告,该报告提出了要加强国家层面对 K-12 阶段和本科阶段 STEM 教育的主导作用,同时还提出要提高 STEM 教师水平和研究投入。与此同时 STEM 教育也从本科阶段下延到了中小学阶段。

到了 2009 年,美国 K-12 工程教育委员会发布了《K-12 工程教育:理解其现状,提高其前景》的报告。该报告除回顾工程教育现状,还设置了工程教育的一般准则,明确了工程教育的重要概念。随着该报告的发布,美国 STEM 教育由快速发展阶段步入稳步发展阶段。

随着奥巴马上台,美国的 STEM 教育也进入了平稳发展阶段。经过前一阶段的快速发展,从政府到公众,对 STEM 教育的重要意义已经基本达成共识。2010 年,美国政府通过了《2010 年美国竞争再授权法》,这部法案是奥巴马执政时期的第一部相关法案,其中对 STEM 教育提出了专门规定,其中第 525 条提出要提高本科 STEM 教育就读率和毕业率,提升课程质量,加强教师队伍建设;第 526 条提出要增加妇女及其他弱势群体中接受 STEM 教育的人数。随着各方面力量积极投入到 STEM 教育的迅速推进过程,人们也开始反思并深刻地认识到 STEM 教育发展中的问题。因此,这一阶段的 STEM 教育的发展更有针对性,其最明显的表现就是对师资的关注。2011 年,美国通过了《总统 2012 预算要求和中小学教育改革蓝图法案》,该法案决定计划在未来两年内招聘 1 万名 STEM 教师,并在未来 10 年内培养 10 万名 STEM 教师。同年,美国国家科学基金会(NSF)发布了《成功的 K-12 阶段 STEM 教育》的报告,该报告中扩大了 STEM 领域中女性和少数族裔的参与,体现了 STEM 教育的公平性。2013 年,美国国家科学技术委员会提出了《联邦 STEM 教育五年战略计划》,该计划的重点就是促进 STEM 教育的具体实施,强调了高等教育阶段的 STEM 教育,同时关注并细化师资的培训。2015 年,美国又颁布了《2015 年 STEM 教育法案》,重申了 STEM 教育的定义,明确将计算机科学纳入 STEM 教育的范畴,同时也强调了非正式的 STEM 教育。

美国 STEAM 教育政府报告/政策整理见截图 2-6。

(2)创客教育

关于创客教育,美国总统奥巴马在 2009 年 11 月"Educate to Innovate"运动的发言中呼吁"每个学生都应成为创造者,而不仅仅是消费者"。随后,美国白宫启动"创客教育计划"(Maker Education Initiative, MEI),由创客运动领导者、《Make》杂志的创始人 Dale Dougherty 领衔执行。该计划旨在通过推动创客空间的建设以及发展各种创客项目,激发孩子的兴趣、信心和创造力,让每个孩子都成为创客。美国的创客教育正在试图将学校内教育与学校外教育连接起来,构建无所不在的创客空间,为所有孩子发挥创意提供公平的机会和自由的环境①。2012 年初,美国政府规划未来四年内在 1 000 所学校引入"创客空间",配备 3D 打印机和激光切割机等数字制造工

---

① 杨现民,李冀红.创客教育的价值潜能及其争议[J].现代远程教育研究,2015(2):23-34.

时　间	报　告
1983	《教育美国人为 21 世纪作好准备》
1985	Project2061 项目
1986.3	《本科的科学、数学和工程教育》
1989	Project 2061 全美科学素养标准
1996	《塑造未来：透视科学、数学、工程和技术的本科教育》
2006.1.31	《美国竞争力计划》
2007.10.30	《国家行动计划：应对美国科学、技术、工程和数学教育系统的紧急需要》
2007	《美国创造机会以有意义地促进技术、教育和科学之卓越法》(美国竞争法)
2009.1.11	《改善所有美国学生的科学、技术、工程和数学教育》
2010.9.16	"变革方程"教育计划
2011	新版的《美国创新战略》
2011	《成功的 K-12 阶段 STEM 教育：确认科学、技术、工程和数学的有效途径》
2013.5	《STEM 教育五年战略计划》
2015.12.10	《每一个学生都成功法(ESSA)》
2016.9.14	《STEM 2026：STEM 教育创新愿景》
2017	《美国竞争力计划》
2017.9.25	总统备忘录(STEM 教育项目资助 2 亿美元/年)

图 2-6　美国 STEAM 教育政府报告/政策[①](截图)

具,通过实践培养新一代的设计师和生产创新者[②]

　　目前美国参与"创客行动"的众多中小学主要利用《基于创造的学习：教室中的制作、修补与工程学》一书来指导创客教育(Martinez and Stager,2013)。全书分十四章,就创客教育的意义与价值、专业化设计与实践提供了详实、专业化的指导,其中追溯了人类基于制作与创造的学习与生存的历史起源,讨论了学习的创造本质,探析了创造的思维原理与基本过程;重点分析了如何有效地设计创造项目;全方位指导教师如何创建适宜的包括物理、情感与智力等在内的环境,如何在教室环境中实施创客教育活动并应掌握哪些教育技巧;系统介绍了可能用到的包括网站、书籍、套件、零件、软件与在线商店等在内的各种材料与资源;如何在创客教育中培养学生的领导力;如何享受与分享自己作为创客的快乐;怎样积累案例、总结与推广以让别人了解并信服自己

----

① 祝智庭,雷云鹤. STEM 教育的国策分析与实践模式[J]. 电化教育研究,2018,39(1)：75-85.

② Dougherty D. Makerspaces in Education and DARPA [EB/OL]. (2014-12-20). http://makezine. com/2012/04/04/makerspaces-in-education-and-darpa/.

学校的发明、创造与创客空间;教师在创客教育活动中怎样才能教那些自己从未学过的东西[1]。

2. 德国

当美国对 STEM 教育的研究走向成熟时,其他国家也迅速卷入,开始了对这一教育理念和实践的关注。由于德国基于高质量综合型劳动力匮乏的现状,因此引进了美国的 STEM 教育。因为语言的缘故,德国通常将 STEM 教育称为 MINT(Mathematik, Informatik, Naturwissenschaft and Technik)教育。德国为应对高质量 MINT 劳动力缺乏的状况,2008 年提出了《德累斯顿决议》,将 MINT 教育列为教育发展的重要目标,2012 年举办了"国家 MINT"论坛,发布了《MINT 展望——MINT 事业于推广指南》[2]。德国人认为,专业技术人才的创造力是解决当前科技发展中遇到的关键问题以及迎接未来挑战的核心,因此中小学阶段的 MINT 教育更应关注学生在 MINT 职业上的兴趣和发展。德国希望将 MINT 教育与终身教育结合起来,创造一种可持续发展的 MINT 教育,因此促进 MINT 教育链的发展成为其教育目标之一。除此之外,德国在多个政府报告中都提及 MINT 教育及相关领域,意图借助政府的支持推动 MINT 的实施和普及。

3. 日本

在日本,由于在中小学中推行了"宽裕教育"(Yutori Education)政策,不但没有提高学生的生存能力,反而导致了学生学业的下滑,使得日本学生在 PISA 测试中表现不佳。日本政府将这种后果归结为基础教育的薄弱,由此开始关注美国的 STEM 教育,以寻求解决的途径。相较于其他国家,日本小学阶段的 STEM 教育就开始侧重 STEM 研究型人才的培养,增加学生对 STEM 相关学科的兴趣和热情,在高中阶段则实施 STEM 的精英教育。不过日本至今未曾在正式的政府文件中提出 STEM 教育一词,而是以一种局部的、潜在的方式实施该教育。

4. 韩国

韩国为增强国家科技竞争力而引入了整合型人才教育的概念,从中小学时期就对学生进行 STEAM 素养的教育,培养中小学生的知识整合应用能力与科技创新能力,进而为提升国家竞争力奠定青少年人才基础。可以说,韩国从推行 STEM 教育开始,就是从 STEAM 教育着手的。2011 年韩国教育部颁布《搞活整合型人才教育(STEAM)方案》,提出要实施以数学和科学为中心、与工程技术相结合的 STEAM 课程,培养适应社会的具有 STEAM 素养的综合型人才。方案同时归纳了四类 STEAM 课程实施方案,为各中小学实施 STEAM 课程提供指导。韩国政府指定和扶持整合型人才教育示范学校,也是推动开展整合型人才教育的重要手段。

5. 澳大利亚

澳大利亚从 2013 年起开始提高对 STEM 教育的重视,经历了从某些州(如昆士兰州)致力于

---

[1] 郑燕林,李卢一. 技术支持的基于创造的学习——美国中小学创客教育的内涵、特征与实施路径[J]. 开放教育研究,2014,20(6):42-49.

[2] 祝智庭,雷云鹤. STEM 教育的国策分析与实践模式[J]. 电化教育研究,2018,39(1):75-85.

实施 STEM 教育到在国家层面制定发展 STEM 教育战略的过程。2013 年澳大利亚首席科学家办公室发布了《国家利益中的 STEM 战略》,设定了 2013—2025 年的战略发展目标,其中《澳大利亚提升战略》对教育层次制定了以下具体政策:培养 STEM 专业教师、提高学生 STEM 素养、提高课程设计的科学性和合理性、加强与国家课程标准的联系、保证人才培养模式与市场需求相适应。2014 年澳大利亚首席科学家办公室颁布了题为《STEM:澳大利亚的未来》的文件,对 STEM 教育和培训做了详细的规划。2015 年 12 月澳大利亚联邦及各州和地区教育部长在"教育委员会"会议上签署《STEM 学校国家战略 2016—2026》,通过采取国家行动,改进澳大利亚学校的科学、数学和信息技术教学与学习。

6. 英国

美国关注 STEM 教育已逾 30 年,尤其是近年来积极开展 STEM 教育,这也让世界各国有识之士增强了 STEM 教育对于未来国家竞争力影响的认识,并在国策层面有所行动,例如,英国等国家在近几年内也开始关注 STEM,并进行了政策部署和研究项目的实施。英国为了解决 STEM 技能短缺问题,2002 年提出了《为了成功的科学工程技术》(SET for Success),2017 年发布的《工业发展战略绿皮书》再次强调 STEM 教育的重要性,国家科学学习网络还专门开展 STEM 专业教师发展的网络。

7. 芬兰

芬兰发起了以 LUMA 数学和科学教育发展项目为代表的全国性 STEM 教育促进项目,设立了 LUMA 国家中心,以"专业共享"为原则,在校外针对 3—19 岁的儿童和青少年量身打造 STEM 学习和教育活动,促进 STEM 教育研究和教师发展②。

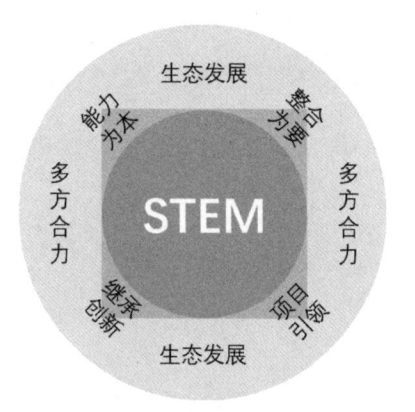

图 2-7 国际 STEM 教育实践特征模型①

从国际总体发展视角看,当前 STEM 教育研究和实践仍然以美国为主,其他国家大多处于发展中阶段。国际上的 STEM 教育政策引导的实践表现为五个特征(如图 2-7 所示),从国家教育理念层面看,体现出"能力为本"的特点;从实施策略方法看,体现出"整合为要"的特征;从实践应用层面上,主要以"项目引领"为抓手;从课堂教学探索中,具有"继承创新"的特色;从 STEM 生态发展的视角看,表现出"多方力量"的共同努力。

纵观 STEM 教育研究的发展脉络,可以发现国家力量在 STEM 研究推进中始终以深度参与的姿态给予发展支持,由国家力量自上而下推动 STEM 教育变革成为当前国际 STEM 教育研究

———————————

① 祝智庭,雷云鹤. STEM 教育的国策分析与实践模式[J]. 电化教育研究,2018,39(1):75-85.
② 祝智庭,雷云鹤. STEM 教育的国策分析与实践模式[J]. 电化教育研究,2018,39(1):75-85.

发展的最显著特点。首先,各国纷纷制定国家级 STEM 教育方针,以确保 STEM 教育在国家教育体系中的优先地位。如美国联邦政府于 2015 年直接颁布了《STEM 教育法》,英国、澳大利亚等国家将 STEM 课程列入国家课程标准之中。其次,利用财政政策倾斜,促使更多研究者投入到 STEM 教育研究中。如美国在 2011 年联邦财政预算中支出 37 亿美元用于 STEM 教育专项发展。同时,主导全国层面的 STEM 教育研究,使 STEM 教育实践的每一步都以坚实的实证研究结果为基础。如美国 STEM 教育委员会(National STEM Education)对全国已有的所有 STEM 项目进行为期两年的研究与审查,形成研究报告《K-12 STEM 整合教育现状、前景和研究议程》,成为推动美国 STEM 整合教育发展的关键节点文献;澳大利亚国家课程评估报告局(Australian Curriculum,Assessment and Reporting Authority)联合全国各地的 13 所学校进行全国性 STEM 整合项目研究,并基于此研究结果实现了国家统一的 STEM 课程资源建设[①]。

---

① 杜文彬. 国外 STEM 教育研究的热点主题与特点探析[J]. 电化教育研究,2018,39(11):120-128.

第三章　区域案例

　　STEM教育和创客教育是目前教育创新的两种重要模式，教育理念坚持以学生为中心，为学生创设基于真实生活的学习情境，融入跨学科的知识内容，并以培养具有批判性思维、自主创新等能力和善于合作、乐于分享等精神的学生作为目标。STEM教育和创客教育所体现的教学思想，符合我国教育改革的方式和人才培养的目标要求，是我国培养创新型人才的重要途径。

　　随着STEM教育和创客教育推进的不断深入，越来越多的中小学将此类课程列入学校的课程计划中，以各种形式进行积极地尝试和探索。2017年，国务院印发《新一代人工智能发展规划》，明确提出"在中小学阶段设置人工智能相关课程"的要求，加速人工智能技术在教育领域的应用。2018年，我国颁布的《教育信息化2.0行动计划》，进一步提出"完善课程方案和课程标准，充实适应信息时代、智能时代发展需要的人工智能和编程课程内容"。在一系列政策措施下，人工智能也作为近年来的一个核心主题，成为创新教育中的重要内容。虽然STEM教育和创客教育是教育模式的变革，而人工智能则关注教学内容本身。但是，这些创新教育的关键词，已经成为教育信息化发展和改革中不可忽视的组成部分。

　　由于课程案例是学校的一种实际教学表现，获得渠道相对有限。因此，研究团队选择从文献中获得课程案例的方法，通过2018年发表的相关论文，以"STEM课程""创客课程""人工智能课程"作为文献搜索的关键词，收集创新创客教育发展的案例。课程案例基于实践产生，研究性相对薄弱，更加关注实际应用。因此，为了扩大信息来源，团队不再将案例收集范围局限于知网数据库中，而是以百度学术作为检索数据库，以2018年作为检索条件，共收集"STEM课程"相关主题论文420篇，"创客课程"相关主题论文348篇，"人工智能课程"相关主题论文87篇。在获得上述论文基础上，团队从中筛选了面向中小学、有明确课程计划、课程主题的课程案例，共得到STEM课程相关案例论文16篇，创客课程相关案例论文33篇。由于人工智能部分内容与创客课程中的机器人、开源硬件部分内容多有重合，故在此不分开表述。除此之外，基于2017年中国教育科学研究院STEM教育研究中心发布的《中国STEM教育白皮书》出版的《STEM教育这样做》一书，在调研我国STEM教育开展情况的基础上，以"STEM课程建设""学校STEM空间建设""STEM教育路径"三个板块介绍了我国中小学STEM教育开展的实践探索。在本研究报告中，着重选择了有代表性的案例纳入其中。

一、 典型省市

以中国自然地理地区作为参考分区(即东北、华东、华北、华中、华南、西南、西北七大地理地区),其中台湾地区和香港、澳门特别行政区不纳入分析范围,分析得全国各省份发展现状。

东北地区(黑龙江省、吉林省、辽宁省):以辽宁为重点向北方辐射,创新创客教育以南方的辽宁省较为发达,但整体发展依然有待提高。

华东地区(上海市、江苏省、浙江省、安徽省、福建省、江西省、山东省):地理位置沿海,以长江三角洲(上海市、江苏省、浙江省)为主要发展地区向外辐射,是全国最为发达的地区。

华北地区(北京市、天津市、山西省、河北省、内蒙古自治区):以首都北京市向外辐射,但辐射强度不大,因此除北京市外并未有明显的发达省市。

华中地区(河南省、湖北省、湖南省):华中三省位于我国中部地区,与各地区都有接壤,因此发展相对平均和稳定。

华南地区(广东省、广西壮族自治区、海南省):以与华东地区接壤的广东省向南辐射,海南省由于地理位置原因发展相对落后。

西南地区(四川省、贵州省、云南省、重庆市、西藏自治区):以四川盆地向外辐射,主要发达省市有四川省、重庆市。

西北地区(陕西省、甘肃省、青海省、宁夏回族自治区、新疆维吾尔自治区):西北地区相对其他地区面积大、人口少,经济发展情况也相对落后,因此整体发展情况也并不理想。

(1)第一梯队省市

第一梯队省市主要分布于华东地区的上海市、江苏省、浙江省;华北地区的北京市;华南地区的广东省以及西南地区的四川省。在创新创客教育类竞赛方面,以上省市都获得了不错的成绩。江苏省政府、浙江省政府出台了相应的政策文件,有关创新创客教育的研究省部级项目数量也位于全国前列。第一梯队省市在全国起到领头作用,发展现状也与一、二线城市的经济实力相吻合。

考虑到地区的代表性、创新创客教育开展情况综合性及广泛性,选择其中重点分析省份:北京市、上海市、广东省。

(2)第二梯队省市

第二梯队省市包括山东省、河北省、湖北省、湖南省、福建省、河南省、重庆市,地理位置上与第一梯队相接壤,更为便捷地实现知识和技术的交流。

其中,虽有出台的政策较多的省份,例如河南省,有关创新创客教育研究项目较多的省份,例如吉林省,但总体而言第二阶队省市在国家级竞赛中表现不佳,说明其在创新创客教育方面虽然有所重视,但并未取得良好的发展。

38　中国教育信息化应用创新年度报告(2019)

考虑到地区的代表性、创新创客教育开展情况的综合性及广泛性,选择其中重点省份分析:河南省、重庆市。

(3) 第三梯队省市

其余省市则为第三梯队,其中有的未能找到相关的政策文件,仅个别学校对创新创客教育进行了建设投入,也有的在中小学教育中几乎未能找到与创新创客教育相关的案例。

考虑到地区的代表性、创新创客教育开展情况的综合性及广泛性,选择其中的重点分析省份:辽宁省、陕西省。

1. 上海市

针对创新教育建设典型的上海市 16 个行政区根据目的取样的中小学共计 178 所进行调研,其中小学有 132 所,中学 45 所(包括 9 年、12 年一贯制),从学校性质上:有 148 所公办学校、30 所民办学校。根据创新教育的开展,分析上海市中小学在环境设施、活动性质以及课程内容的建设情况。

(1) 环境设施

在环境建设方面,部分创新教育课程或活动的地点依然在教室或计算机房进行。但所调研学校中有 34 所学校对创新教育环境建设有所投入,拥有自己的创新教育专题实验室或创客空间等,其中创客空间 6 所、STEM 实验室 8 所、主题创新实验室 7 所,此外另有为进行主题分类的创新实验室 13 所,有 2 所学校同时拥有两种类型的创新教育环境建设。

在 34 所对创新创客教育环境建设有所投入的学校中,以上海市第六师范小学最具代表性,相关图片见图 3-1。

图 3-1 上海市第六师范附属小学"卡魅实验室"

(图片来源:https://mp.weixin.qq.com/s/ZJo8CSf5Jih3ezenOUU5Zw)

上海市第六师范小学在其报道中,提到了"卡魅实验室"的环境建设及相对的课程方案,并对建设情况有较为详细的展示。

（2）活动性质

依据各地区学校对于创新教育活动的报道，就活动性质而言，可大致分为以下几种，包括课程教学、社团、竞赛、体验活动、主题活动、文化结合、夏令营、学科渗透。数量分布见图 3-2。

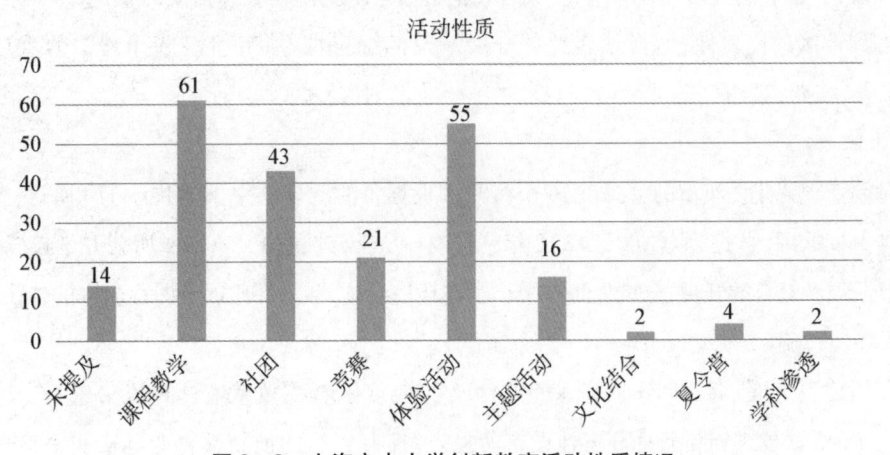

图 3-2 上海市中小学创新教育活动性质情况

有 14 所学校未提及其创新教育活动性质，其中占比重最高的三种活动形式为：课堂教学（34.3%，n=61）、体验活动（30.9%，n=55）以及社团（24.2%，n=43）。此外还有 11.8%（n=21）的学校组织报名科技创新类竞赛，有 9.0%（n=16）的学校举办过创新主题活动。可见已有 1/3 以上的上海地区学校为创新教育设立了课程体系，其余则通过多种课外的形式开展。

例如，上海培佳双语学校，将机器人制作作为课程教学，课程带领学生从认识零件开始，循序渐进带领学生进行机器人的设计与编程（见图 3-3）。该节课主要内容是触感避障小车。整堂课清晰呈现了相关知识点、任务挑战说明、实践活动中的思考等内容。

图 3-3 上海市培佳双语学校机器人编程课程

（图片来源：https://mp.weixin.qq.com/s/0L1nmDQBMzg9dXLupDQU9A）

40　中国教育信息化应用创新年度报告（2019）

其余如中山北路第一小学,将创客活动融入学生社团中,以学生组织为载体开展,见图3-4。

突破时空,用多元的课程和丰富的社团为孩子们的未来支撑起希望是学校E空间建设的不懈追求。创客、跨界、互联网+等系列课程启迪了孩子们的创新才智;民族艺术、民族工艺、民族文学等传统课程提升了孩子们的人文素养;舞蹈、合唱、游泳、武术、排球、足球、韵律操……在这里,孩子们能文能武,能动能静,十八般武艺各有所长;在这里,孩子们尽其所长,多方发展,学有所获,为未来的高飞插上了有力的翅膀;在这里,孩子们的兴趣被充分尊重,孩子们的潜能被充分挖掘,他们不再为学习而学习,而是为快乐而学习。

图3-4 上海市中山北路第一小学创新教育社团

(图片来源:https://mp.weixin.qq.com/s/q23FKzMOdQJa1r7tkvVHag)

除此之外,学校往往选择以专家、培训机构等进行合作,共同开展以 STEM/STEAM 或创客的主题活动,例如复旦附小与鲸鱼博士举办的——"照亮世界的光"STEM 活动,见图3-5。

4月1日,复旦附小数十名爱好科学的小朋友参加了鲸鱼博士的送教入校STEM活动,主题是"照亮世界的光"。在课堂上,小朋友们自己动手组装有趣的光学器材,在动手中学习,在学习中玩耍。

图3-5 上海市复旦附小"照亮世界的光"STEM 活动

(图片来源:https://mp.weixin.qq.com/s/OCKLwkT9wgEd__R0GcMEFQ)

第三章 区域案例 41

（3）创新内容

在创新教育的课程内容上，上海地区的各个中小学也各有侧重，共有61所学校明确给出了其创新教育活动及课程内容，如图3-6所示。

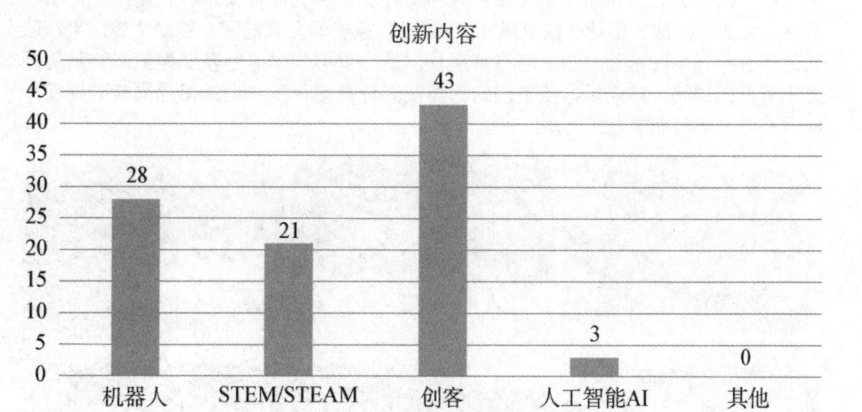

图3-6 上海市中小学创新教育课程内容情况

创客教育依然是上海创新教育的建设重点，占整体的45.3％（n＝43），随后的是机器人课程（29.5％，n＝28）及STEM/STEAM课程（22.1％，n＝21），其余有3所学校践行了有关时下热门的人工智能AI的创新教育建设。

上海市嘉定区练川实验学校"练达·创智空间"课程，以数字化制造技术为基础，以设计思维为核心的课程体系，包括创新前沿、头脑风暴、方案设计、项目实践，测试与反馈等内容。通过人工智能、3D创意设计与产品、智能机器人设备等课程项目的体验，让学生体验熟悉创新的过程（见图3-7）。

图3-7 上海市嘉定区练川实验学校"练达·创智空间"课程

（图片来源：https://mp. weixin. qq. com/s/kv32iqK7QFkT8P9-CnGNXQ）

2. 北京市

针对创新教育建设典型的北京市地区 15 个行政区根据目的取样的中小学共计 50 所进行调研,大部分学校来自于北京市创客联盟,其中小学有 13 所,中学 37 所(包括 9 年、12 年一贯制),从学校性质上看,有 49 所公办学校、1 所民办学校。根据创新教育的开展,分析北京市中小学在环境设施、活动性质以及课程内容的建设情况。

(1) 环境设施

在环境建设方面,所调研学校中有 15 所学校对创新教育环境建设有所投入,其中创客空间 9 所、专用创新实验室 8 所。在 50 所学校中,有 2 所学校同时拥有两种类型的创新教育环境建设。

丰台第一小学在三年级开发了创客空间课程,分为四个课程,包括:迷你赛车(见图 3-8)、恐龙星球、VEX-IQ 机器人和越野车模型。为了让孩子们了解课程内容,学校分别安排三年级全体学生开展了课程体验活动,并组织学生在网上进行自主选课,学生们根据自身的兴趣爱好选择了喜爱的课程。

图 3-8 北京市丰台第一小学创客空间课程——迷你赛车课

(图片来源:https://mp.weixin.qq.com/s/xOzW6lQkyKlzDPKnIQ2zCw)

(2) 活动性质

依据各地区所有学校对于创新教育活动的报道,就活动性质而言,可大致分为以下几种,包括:课程教学、社团、竞赛、体验活动、主题活动、文化结合、夏令营、学科渗透。数目统计见图 3-9。

所有学校均提及其创新教育活动性质,其中:举办课程教学(n=29)、竞赛(n=32)两类活动的学校超过了 50%,除此之外,46% 的学校拥有社团(n=23)、42% 的学校举办体验活动(n=21)、42% 的学校举办主题活动(n=21),都是频数较高的创新创客活动形式,可以看出北京市的创新创客活动形式较为多样化,许多学校也同时开展多类活动。

北京市第十二中学国际部 AP 物理学科老师利用物理实验课开展了"领略科技前沿"主题系

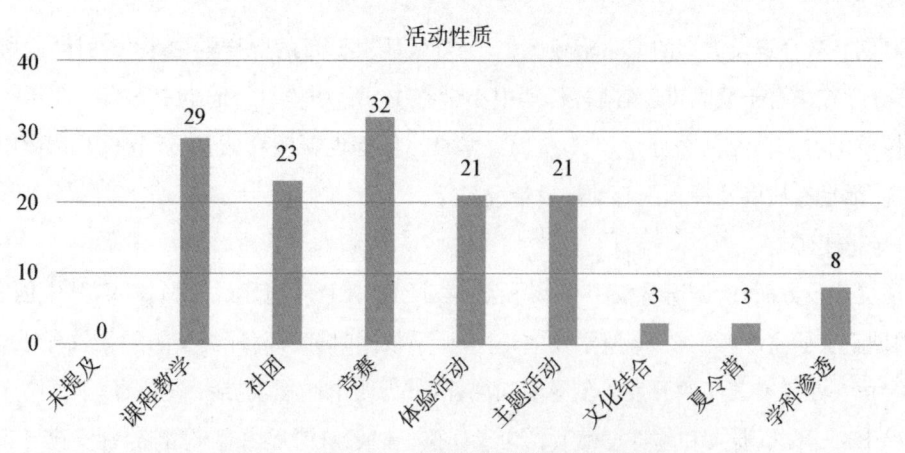

图 3-9 北京市中小学创新教育活动性质情况

列活动,见图 3-10。此次活动基于 STEAM 核心教育理念,集科学、技术、工程、艺术、数学于一身,培养学生的学科核心素养,从多角度提升学生的实践能力、创新能力以及责任意识。活动极大地激发了学生的好奇心和求知欲,学生课上积极搭建,课下主动与老师进行交流讨论,个个都具备着当科学家的潜质。此外,锌—空电池也刚刚拉开了主题系列活动的序幕,相信随着活动的继续深入,学生们能有更多新的体验与收获,进一步地了解与热爱科学。

图 3-10 北京市第十二中学国际"领略科技前沿"主题系列活动

(图片来源:https://mp.weixin.qq.com/s/urYdtewaiNmjKBK19RMjHA)

北京青少年科学调查体验活动启动仪式暨北京市广渠门中学(以下简称"广中")科技嘉年华活动(见图 3-11,图 3-12)、东城区青少年科技后备人才拔尖培养计划工作汇报会在广渠门中学同时举行。广中附小和初一年级学生分组参与了生态环境、创新创意、能源资源等项目体验活动,以及"STEM＋"创意挑战区、结构创意挑战区的体验活动。通过展示学生自制的科技冬奥主题作品和展品,启发广大学生关注冬奥会中的科技元素,并尝试用所学科技手段为冬奥会提出建议。

图 3-11 北京市广渠门中学科技嘉年华活动

（图片来源：https：//mp. weixin. qq. com/s/PNbDZZ Qh_Xk_Cxdn0AT5Dg)

图 3-12 北京市广渠门中学科技嘉年华活动

（图片来源：https：//mp. weixin. qq. com/s/PNbDZZQh_Xk_ Cxdn0AT5Dg)

学生们还展示了模型、激光雕刻、无人机、木梁承重、创意构建等社团活动成果,与现场学生热烈互动。

第三章 区域案例 45

（3）创新内容

北京地区的各个中小学在创新教育的实施形式上相对平均，50 所学校中，有 46 所学校明确给出了其创新教育的活动及课程内容，如图 3-13 所示。

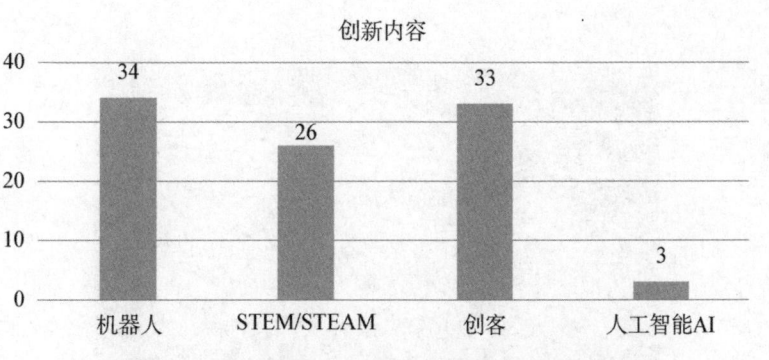

图 3-13　北京市中小学创新教育课程内容情况

北京市在机器人教育（n＝34）、STEM/STEAM 教育（n＝26）、创客教育（n＝33）上分布较为平均，且往往一所学校在创新创客教育上有多种的课程内容。

图 3-14　北京市北师大四附中 3D 打印课程

（图片来源：https://mp.weixin.qq.com/s/jmqwKoZd8kvB627LNdKDJQ）

46　中国教育信息化应用创新年度报告（2019）

为进一步开发学生的创造性思维,提高学生的动手创造能力,激发学生学习、探索、掌握和运用现代科学技术的兴趣,本学期北师大四附中与北京青橙创客教育合作,联手打造一套全新的3D打印课程。

中国人民大学附属中学通过普及人工智能教育,构建人工智能课程体系(见图3-15),使学生对人工智能实现从感知到认知,再到创新的提升,全面提升学生的信息素养。学校构建了一套"人工智能+X"中学人工智能课程体系,打造了人工智能大课堂,开设相关课程超过20门。2018年成立了全国基础教育阶段首个人工智能实验班,并与澳门培正中学、清华大学等单位联合倡导在每年的10月组织开展"世界人工智能周"活动,初步构建起了"学生、教师、学校、社会"四位一体的人工智能教育生态圈。

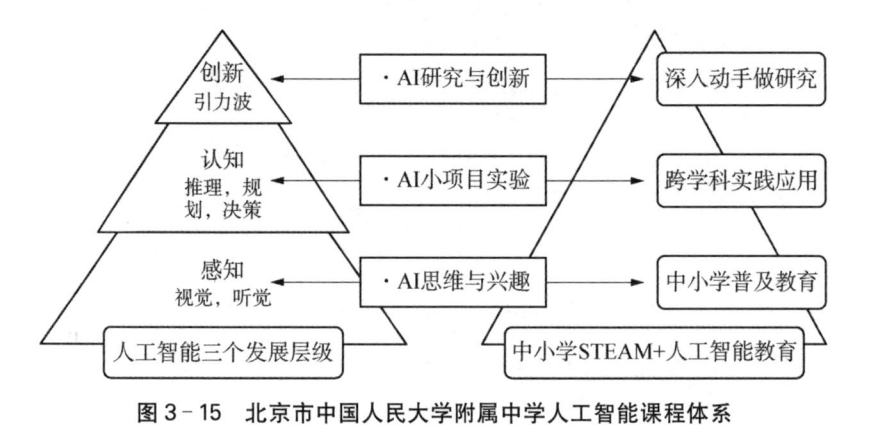

图 3-15 北京市中国人民大学附属中学人工智能课程体系

(图片来源: https://mp. weixin. qq. com/s/3bG_Wg3EEXVsYKf1OPvWxw)

3. 广东省

针对创新教育建设典型的广东省 11 个城市根据目的取样的中小学共计 45 所进行调研,取样学校来自于广东 13 所首批入选全国的 STEM 领航学校及 38 所首批入选的全国 STEM 种子学校,其中小学有 13 所,中学 32 所(包括 9 年、12 年一贯制),从学校性质上看,有 41 所公办学校、4 所民办学校。根据创新教育的开展,分析广东省中小学在环境设施、活动性质以及课程内容的建设情况。

(1) 环境设施

在环境建设方面,所调研学校中有 15 所学校对创新教育环境建设有所投入,其中创客空间 13 所、专用创新实验室 6 所,其中有 4 所学校同时拥有两种类型的创新教育环境建设。

华南师范大学附属中学科大讯飞人工智能创新实验室(见图3-16)正式启动,这是国内首个用人工智能授课的课程,旨在通过人工智能让孩子从小就具备人工智能素养,帮助师生为未来做好准备。该实验室内不仅设置了人工智能产品体验区,而且安排专业教师在教学实践区讲授人工智能课程。在课堂上,学生不仅可以体验到科大讯飞先进的人工智能产品,还可以自己动手设计程序使得机器人可以"能听会说、能看会认",现场同学饶有趣味地进行着各种人工智能实验,都对未来的课程充满着期待。

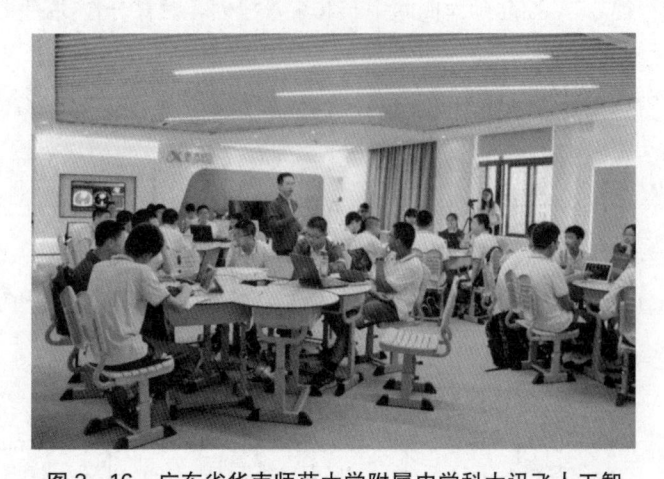

图 3-16 广东省华南师范大学附属中学科大讯飞人工智能创新实验室

（图片来源：http://www.hsfz.net.cn/homepage/article_display.jsp?id=5294）

（2）活动性质

依据各地区学校对于创新教育活动的报道，就活动性质而言，可大致分为以下几种，包括：课程教学、社团、竞赛、体验活动、主题活动、文化结合、夏令营、学科渗透，数目统计见图3-17。

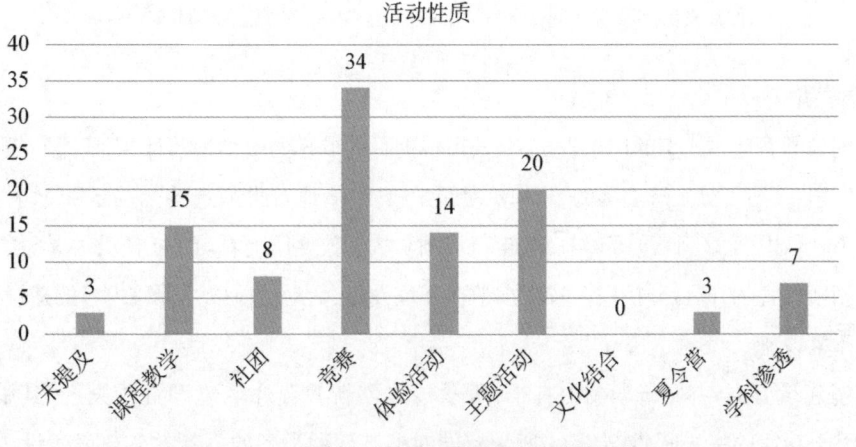

图 3-17 广东省中小学创新教育活动性质情况

所有学校中仅3所未提及其创新教育活动性质，由图3-17可见：举办竞赛是广东省中小学参与创新创客教育的首选方式，占所有学校的75.6%(n=34)，其次44.4%的学校举办科技节、创新创客相关讲座等主题活动(n=20)、33.3%的学校拥有较为完整的创新创客教育课程体系(n=15)、31.1%的学校举办体验活动(n=14)，可见广东省除竞赛外，其余创新创客活动形式丰富程度相对较低。

由广东省教育技术中心主办的岭南创客群英汇——第十八届广东省中小学电脑制作活动创客项目现场测试在广东省实验中学隆重举行,见图3-18。从初赛选拔出来的来自广东、香港、澳门的中小学的优秀创客参与这次创客盛会。

图3-18 广东省中小学电脑制作活动创客项目

(图片来源：https://mp. weixin. qq. com/s/uP2kCsckif-nOF4
Siu-xhA?)

广东肇庆中学院士专家科普报告校园行活动由省科协、省科技厅大力支持,由广东省青少年科技中心、广东省青少年科技教育协会、各地市科学技术协会及市教育局共同主办,旨在进一步推动粤东西北地区青少年科技教育均衡发展,提高广大青少年的科学文化素质。现场图见图3-19。科普演讲团以弘扬科学精神、倡导科学思想、传播科技知识为己任,演讲的内容涵盖现代科学知识和科学技术的主要领域,图文并茂、生动有趣、深受师生们的喜爱,对促进肇庆青少年科技教育健康发展,营造爱科学、学科学、讲科学、用科学的校园环境起到了推动作用。

图3-19 广东省肇庆中学院士专家科普报告校园行活动

(图片来源：https://mp. weixin. qq. com/s/3mhhTzJPYQh0gRMHuZLIxw)

第三章 区域案例 49

（3）创新内容

广东地区所有目的取样的 45 所学校中，有 37 所学校明确给出了其创新教育的活动及课程内容，如图 3 - 20 所示。

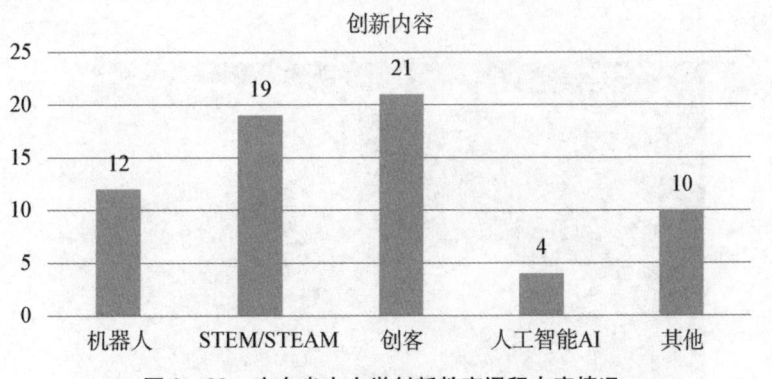

图 3 - 20　广东省中小学创新教育课程内容情况

广东省在机器人教育（n=12）、STEM/STEAM 教育（n=19）、创客教育（n=21）投入上较多，也有对人工智能（n=4）的内容开发。此外，广东省较多学校与企业相合作，搭建了不同主题的课程内容，如汽车制造等，或拥有创新创客对应的校本课程。

广州市白云广雅实验学校创新课程是以 STEM 为理念，注重培养学生的思维和创造及综合设计能力，提高学生动手实践能力（见图 3 - 21）。引导学生发现和分析生活中出现的问题，并提出解决问题的创造性想法，再运用 Arduino 平台进行软硬件设计以解决实际问题，从而使学生在活动中获得知识，开启学生的创意潜能。

图 3 - 21　广东省广州市白云广雅实验学校创新课程

（图片来源：http://www.gy-sy.com/by/uploads/allimg/141226/34_141226104908_2.jpg）

4. 河南省

针对创新教育建设典型的河南省的 19 个市、县根据目的取样的中小学共计 31 所进行调研，取样学校来自于河南首批入选的全国创客示范学校，其中小学有 12 所，中学 19 所（包括 9 年、12 年一贯制），从学校性质上看，有 27 所公办学校、4 所民办学校。根据创新教育的开展，分析河南省中小学在环境设施、活动性质以及课程内容的建设情况。

（1）环境设施

在环境建设方面，由于取样学校均为创客示范校，对于创客空间建设占主要部分。所调研学校中有 23 所学校对创新教育环境建设有所投入。其中创客空间 22 所、专用创新实验室 9 所。在 31 所学校中，有 8 所学校同时拥有两种类型的创新教育环境建设，在拥有创客空间的同时拥有 3D 打印实验室、STEM 教室等。

（2）活动性质

依据各地区学校对于创新教育活动的报道，就活动性质而言，可大致分为以下几种，包括：课程教学、社团、竞赛、体验活动、主题活动、文化结合、夏令营、学科渗透。数目统计见图 3‑22。

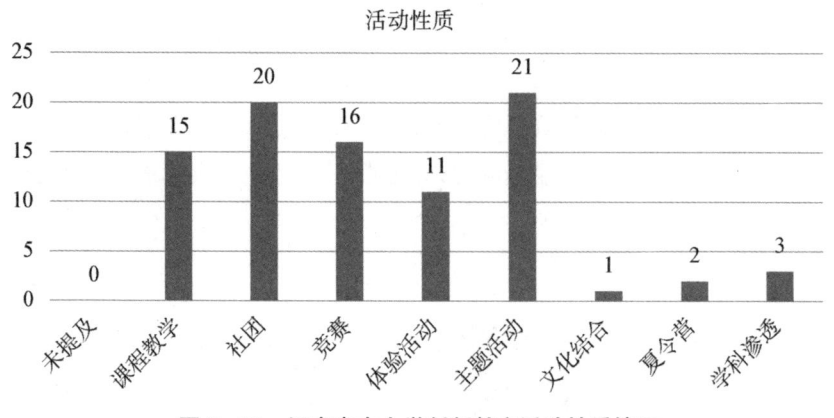

图 3‑22　河南省中小学创新教育活动性质情况

所有学校均提及其创新教育活动性质，由图可见：主题活动（n＝21）如科技讲座、创客节等，以及社团（n＝20）为河南省中小学主要的创新创客教育活动开展途径，其他如竞赛（n＝16）、课程教学（n＝15）、体验活动（n＝11）也占一定比例，其余创新创客活动形式丰富程度较为多样。

（3）创新内容

在河南省取样的 31 所学校中，有 30 所学校明确给出了其创新教育的活动及课程内容，如图 3‑23 所示。

所取样的河南省中小学以创客教育作为其创新活动及课程的主要内容（n＝30），有 3 成的学校拥有机器人课程（n＝11），3D 打印等 STEM/STEAM 课程（n＝9），也有 2 所学校提及了人工智能教育。

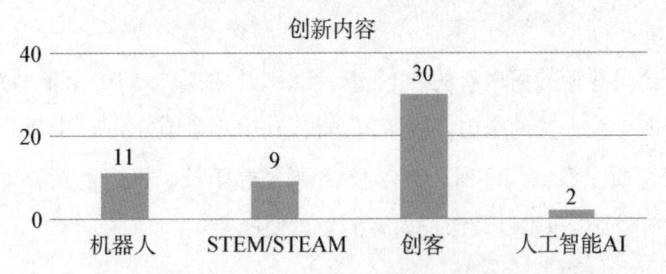

图 3 - 23　河南省中小学创新教育活动性质情况

5. 重庆市

针对创新教育建设典型的重庆市 9 个行政区根据目的取样的中小学共计 24 所进行调研,由于重庆市并没有创新创客教育相关名单,取样学校均为市区级示范学校,其中小学有 10 所,中学 14 所(包括 9 年、12 年一贯制),从学校性质上看,有 21 所公办学校、3 所民办学校。根据创新教育的开展,分析重庆市中小学在环境设施、活动性质以及课程内容的建设情况。

(1) 环境设施

在环境建设方面,重庆市各中小学并没有重点对创新创客教育环境有明显的投入,取样的 24 所学校中仅有 6 所拥有其独立的创新创客教育活动举办场所。

(2) 活动性质

依据各地区所有学校对于创新教育活动的报道,就活动性质而言,可大致分为以下几种,包括:课程教学、社团、竞赛、体验活动、主题活动、文化结合、夏令营、学科渗透。数目统计见图 3 - 24。

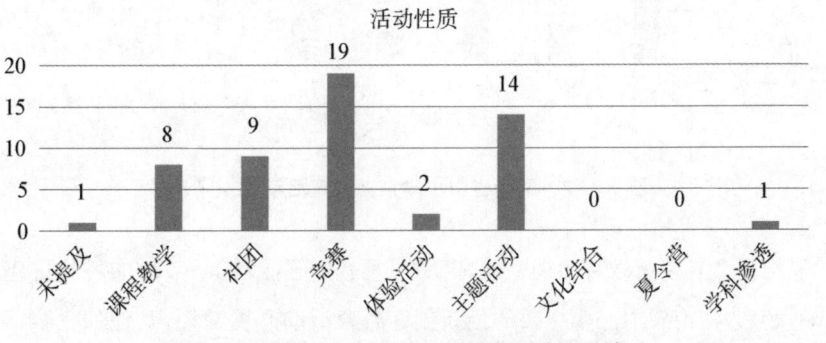

图 3 - 24　重庆市中小学创新教育活动性质情况

仅 1 所学校未提及其创新教育活动性质,由图可见:竞赛(n＝19)为重庆市中小学主要的创新创客教育活动开展途径,其他如主题活动(n＝14)、社团(n＝9)、课程教学(n＝8)、体验活动(n＝11)也占一定比例,其余创新创客活动形式丰富程度较低。

(3) 创新内容

在重庆市取样的 24 所学校中,有 13 所学校明确给出了其创新教育的活动及课程内容,如图 3 - 25 所示。

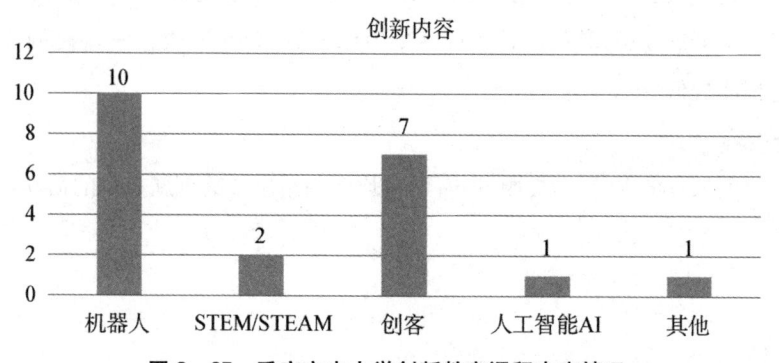

图 3-25 重庆市中小学创新教育课程内容情况

所取样的重庆市中小学以机器人教育作为其创新活动及课程的主要内容(n=10),其次为创客教育(n=7),也有少数学校以 STEM/STEAM、人工智能 AI 作为创新教育活动内容。

6. 辽宁省

针对创新教育建设典型的辽宁省 9 个城市根据目的取样的中小学共计 12 所进行调研,由于辽宁省并没有创新创客教育相关名单,取样学校均为省市级示范学校,其中小学有 2 所,中学 10 所(包括 9 年、12 年一贯制),从学校性质上看,12 所学校均为公办学校。根据创新教育的开展,分析辽宁省中小学在环境设施、活动性质以及课程内容的建设情况。

(1)环境设施

在环境建设方面,取样的 12 所辽宁省学校中有 7 所拥有其独立的创新创客教育活动举办场所。

(2)活动性质

依据各地区学校对于创新教育活动的报道,就活动性质而言,可大致分为以下几种,包括:课程教学、社团、竞赛、体验活动、主题活动、文化结合、夏令营、学科渗透,数目统计见图 3-26。

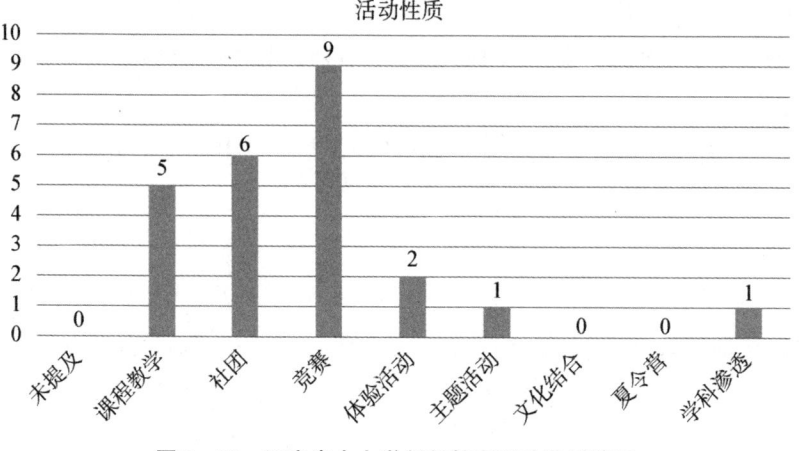

图 3-26 辽宁省中小学创新教育活动性质情况

第三章 区域案例 53

所有学校均提及其创新教育活动性质,由图 3-26 可见:竞赛(n=9)为辽宁省中小学主要的创新创客教育活动开展途径,其他如社团(n=6)、课程教学(n=5)也占一定比例,其余创新创客活动形式丰富程度较低。

(3)创新内容

辽宁地区目的取样的 12 所学校中,所有学校均明确给出了其创新教育的活动及课程内容,如图 3-27 所示。

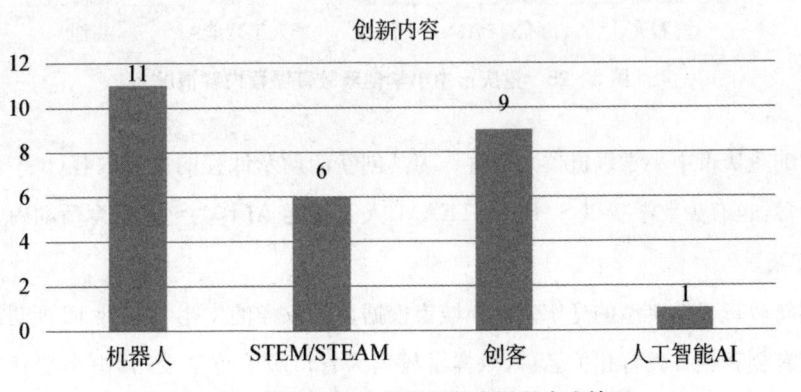

图 3-27 辽宁省中小学创新教育课程内容情况

所取样的辽宁省中小学以机器人教育作为其创新活动及课程的主要内容(n=11),其次为创客教育(n=9),也有学校以 STEM/STEAM(n=6)、人工智能(n=1)作为创新教育活动内容。

7. 陕西省

针对创新教育建设典型的陕西省地区目的取样的中小学共计 15 所进行调研,由于陕西省并没有创新创客教育相关名单,取样学校均选自于陕西省第一届青少年创客创意大赛获奖的公示名单,15 所学校中,14 所学校来自西安市、1 所学校来自安康市,可见陕西省创新教育发展水平存在不平衡的现象,发达地区集中于经济能力发达的城市,其中小学有 12 所,中学 3 所(包括 9 年、12 年一贯制),从学校性质上看,12 所学校为公办学校,3 所学校为民办学校。根据创新教育的开展,分析陕西省中小学在环境设施、活动性质以及课程内容的建设情况。

(1)环境设施

在环境建设方面,取样的 15 所陕西省学校中有 9 所拥有其独立的创新创客教育活动举办场所。

(2)活动性质

依据各学校对于创新教育活动的报导,就活动性质而言,可大致分为以下几种,包括:课程教学、社团、竞赛、体验活动、主题活动、文化结合、夏令营、学科渗透,数目统计见图 3-28。

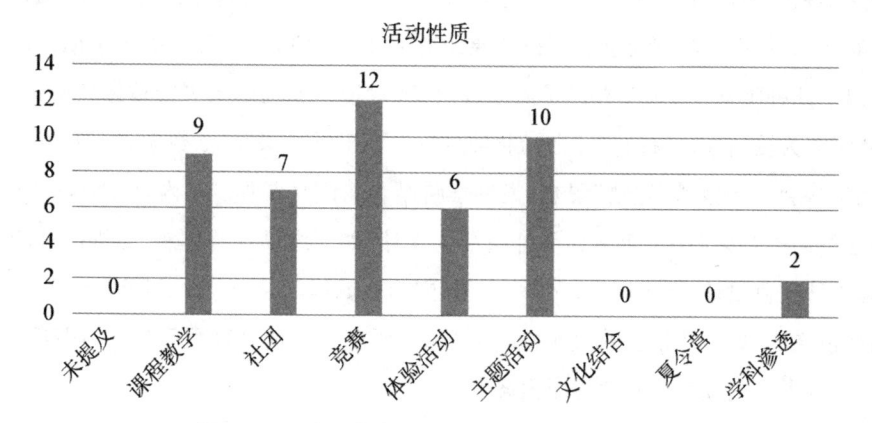

图 3-28 陕西省中小学创新教育活动性质情况

所有学校均提及其创新教育活动性质,由图可见:竞赛(n=12)为陕西省中小学主要的创新创客教育活动开展途径,其他如主题活动(n=10)、课程教学(n=9)也占一定比例,其余创新创客活动形式丰富程度较高。

(3)创新内容

在陕西省取样的12所学校中,所有学校均明确给出了其创新教育的活动及课程内容,如图3-29所示。

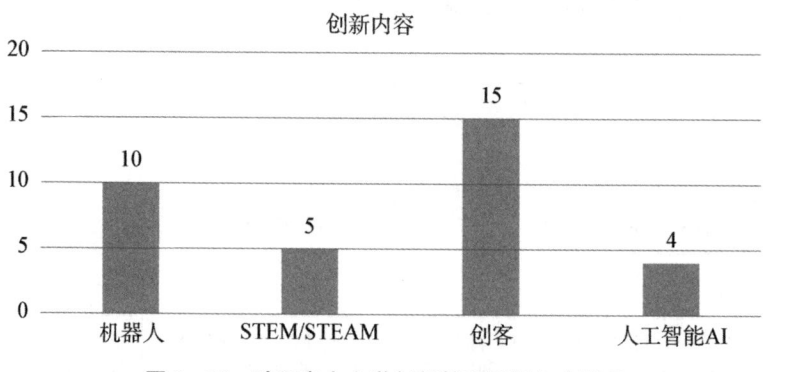

图 3-29 陕西省中小学创新教育课程内容情况

所取样的陕西省中小学以创客教育作为其创新活动及课程的主要内容(n=15),其次为机器人教育(n=10),也有学校以 STEM/STEAM(n=5)、人工智能(n=4)作为创新教育活动内容。

二、创客教育典型案例

创客课程特指服务于学校创客教育的课程,是创客教育的要素之一。创客课程是以"造物"

第三章 区域案例 55

为特征的跨学科学习,"造物"的教学目标也是区分 STEM 课程和创客课程的主要依据。

通过对 2018 年中小学开设创客课程的课程案例进行梳理,可以发现中小学创客课程的实施主要分为以下几种类别:1)从学校的顶层设计出发,对创客课程体系进行整体架构;2)以校本课程、兴趣社团等为输出平台,打造专门的创客课程;3)基于学科课程,如数学、物理、生物等进行课程改革,在学科教学中融入"造物"思想,发展学科结合的创客课程。从内容方面,2018 年所开设的创客课程案例主要集中在:创客作品外观结构设计,如三维设计与创意、二维设计激光切割与雕刻;开源硬件项目设计,如机器人、Arduino 等;图形化编程,如 Scratch、APP Inventor 等;以及一些学校的特色主题,如涉及较多的汽车、航模等。在所获得的创客课程案例中,团队通过筛选和整理,选择了以下一些较有代表性的课程案例。

1. 中小学创客课程体系案例

在 2018 年中小学创客教育收集到的案例中,共有 11 所学校或教育单位构建了创客课程体系,包括北京、天津、浙江、江苏、河北、河南、广东、吉林。通过对案例进行整理可以看出,大部分中小学创客课程体系都不仅仅针对创客课程,而是以创客课程作为主体或核心部分,与学校的育人目标或校园文化相结合,形成课程体系。

(1) 浙江省宁波市实验小学①

浙江省宁波市实验小学是中国青少年创客教育 M35 联盟发起单位,并率先在全国范围开展校园创客活动。本着提升学生创新实践核心素养的培育目标,学校将创客实践课程纳入教育教学计划,并逐渐形成创客实践课程整套实施体系,见图 3-30。

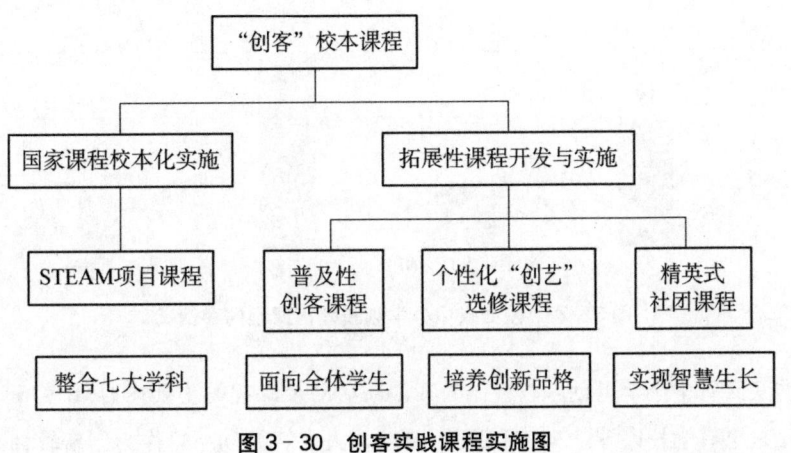

图 3-30　创客实践课程实施图

课程体系:宁波市实验小学的创客课程体系以"项目导向型"课程作为核心和立足点,不仅包括狭义的创客课程内容,同时包含以跨学科为特征的 STEAM 项目课程。在实施过程中,学校将

---

① 邸薇,杨春丽.自主性综合学习:让创意开花结果[J].人民教育,2018,1:86-89.

其统归为"创客"校本课程范畴。宁波市实验小学的创客课程体系涉及全校 3—6 年级学生,课程内容以学生的自身兴趣爱好和学习需求出发,以解决生活中遇到的实际问题为驱动,自主选择和确定创客项目,自己设计创客作品、制订计划方案、小组合作实施,最终形成创客作品。

课程设置:宁波市实验小学的创客课程设置为课程体系中的拓展性课程部分,包括普及性创客课程、个性化"创艺"选修课和精英式社团课程三种形式。

普及性创客课程:面向 3—6 年级全体学生,每周一课次,开展 Scratch 设计、工程搭建等基础内容的教学。

个性化"创艺"选修课:培养学生的创新思维品质和创新能力。

精英式社团课程:开展 3D 打印、综合项目等创客实践活动。

在创客实践课程体系下,学校面向 3—5 年级设置了创客实践试点班级,由语文、数学、英语、美术、音乐、科学、信息等多学科教师团队合作开发试点创客实践课程包,实施项目课程。试点班级每学期开展一个课程项目,并与学校综合实践活动课程相结合,目前已经形成了体系明确的创客课程实践框架,见图 3-31。从实践框架的内容可以看出,宁波市实验小学的创科课程开展主要围绕电子材料(开源硬件)、Scratch 设计(图形化编程)、工程搭建、3D 建模四个方面开展,这些内容也是创客教育的核心内容。

	电子材料	Scrach设计	工程搭建	3D建模	创意宣传
3年级	在项目作品制作过程中,了解一些基本传感器的名称与作用。知道传感器的工作原理。	结合项目课程学习,编写简单的数字故事,了解基本的程序结构,知道各种编程环境。	在小组合作中运用科学相关知识,设计简单作品图纸,根据图纸指示搭建简易立体结构,完成模型类作品创作。	在项目作品的制作中,了解3D打印原理,通过例子掌握软件工具,初步形成空间思维结构。	能面对镜头说一段流畅的话,介绍创意作品的功能特点。
4年级	综合应用科技、信息等学科知识技能,使用标准连接方法将传感器与遥控器连接,完成创客项目作品。	应用Scrach软件、数学等学科手段,用图形化语言编写互动媒体和游戏类的程序,能够设计流畅的界面和交互。	初步应用科技、数学计算等相关知识技能设计作品,能够使用直角或其他形式构建立体结构,能够研究结构的稳定性等特性,并且能够综合应用各种结构件。	在项目作品的不断改进中,通过修改原有3D模型,制作新的模型,熟悉3D打印技术。	以图配文的形式介绍创意作品。
5年级	通过设计制作较复杂作品,综合应用多学科知识,组合使用多传感器与控制器。	应用软件技术、数学计算、文学、艺术等综合学科手段,了解常见计算机算法,并能将其应用在比较复杂的程序中。	综合应用科技、数学、工程等相关知识技能创作有创意的作品。会使用齿轮组、皮带、齿条等常见传动机构完成项目并探究。	通过观察生活中的事物,构建项目学习中设计的虚拟模型,熟练应用3D打印技术。	撰写创意作品的实现过程与步骤。
6年级	通过项目作品的创意设计,用传感器与电机组合使用,设计完成心目中的作品。	利用软件技术、数学、文学、艺术等多学科知识技能,设计创作数字作品,体验编程设计在软、硬件控制中的作用。	综合应用多学科知识技能,创作较复杂的创意作品,会根据项目需求设计和制作一些精巧结构,搭建较复杂智能机器,完成创作。	根据设计及内心所想的物体,构建心中所想物体虚拟模型。依据需求,灵活应用3D打印技术。	会使用演示文稿等工具展示作品的制作过程、宣传创意作品。

图 3-31 宁波市实验小学创客课程实践框架

合作单位:宁波工程学院。

实践环境：合作共建创客空间。

（2）北京市第十二中学[①]

北京市第十二中学是"M35 青少年创客教育联盟"发起校之一。作为北京市首批示范性高中，北京市第十二中学的课程体系不仅关注"创客"，而是借助创客教育的形式，以培养创新思维为核心、以提升创新素养为目标，构建了"三融合"创新教育体系，见图3-32。

课程体系：北京市第十二中学创客课程体现在学校构建的"三融合"创新教育体系中。该课程体系定位"引导学生形成积极的学习态度，掌握系统的思维方法，发展有效的学习策略，获得更强的创新能力"，将"创新算法""设计思维"和"创客"等创新思维课程引入中学课程体系，通过课程线、活动线和文化线设计包含基础、拓展和卓越三个层次的科技创新教育体系。

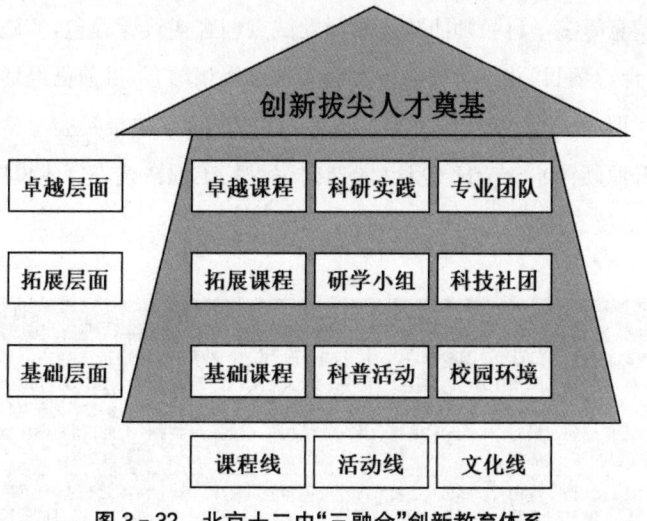

图3-32 北京十二中"三融合"创新教育体系

课程设置：北京市第十二中学的"创客"主要体现在创新课程的实践中。基于"三融合"创新教育体系，北京市第十二中学打造了"基础创客"教育模式（见图3-33），形成了"创艺设计—开源制造创作—展示分享—跟踪培养"的课程实践过程。其中，"开源制造创作"内容包括科学探究和工程技术两部分，科学探究偏向 STEM 教育理念，而工程技术则为传统的创客内容，包括机器人、激光切割、三维设计等。

合作单位：北京师范大学、首都师范大学、广西师范大学、北京创客空间、深圳柴火创客空间、中央电视台、太尔时代公司、中望公司。

实践环境：北京十二中萃智创客空间。

[①] 王自勇. 萃智创新，跨越发展3-32"创新算法与发明专利校本课程开发"研究报告[J]. 基础教育参考，2019，294（6）：36-38.

58　中国教育信息化应用创新年度报告（2019）

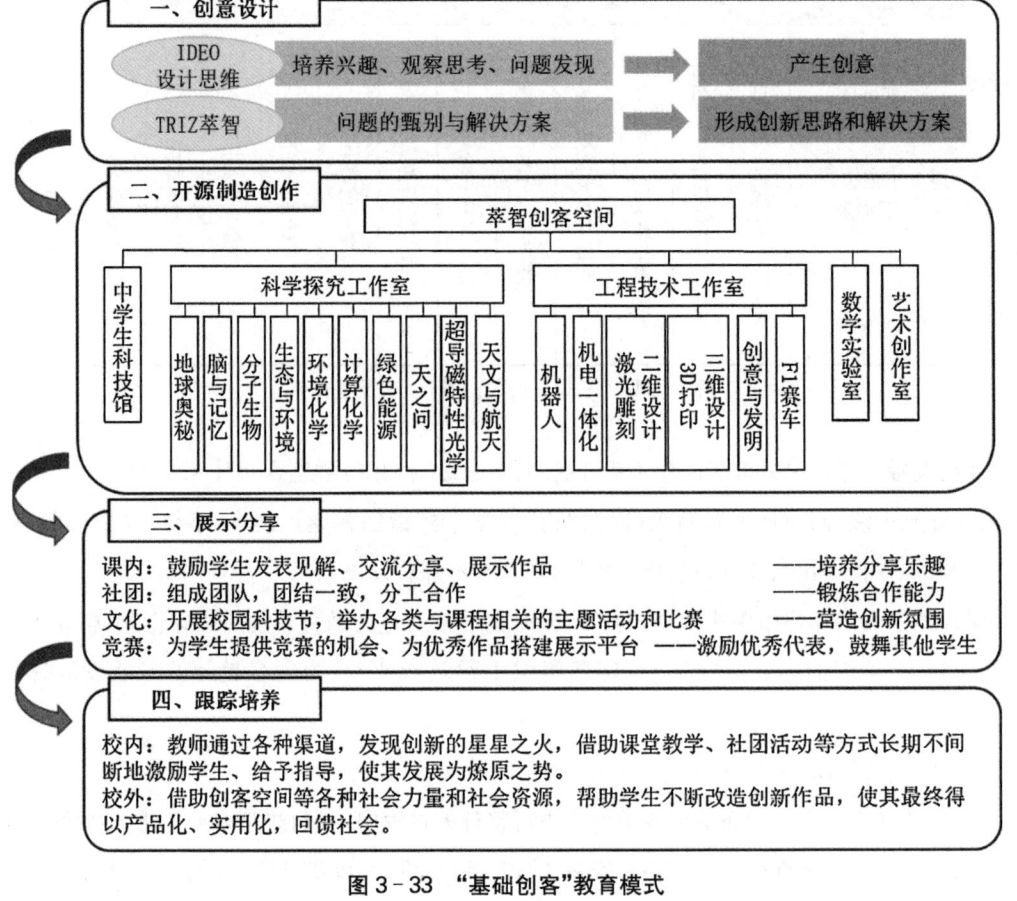

图 3-33 "基础创客"教育模式

（3）河南省郑州市教育局教研室[①]

为了实现创客教育的可操作性和普及性,河南省郑州市教育局教研室构建了"三类三级"行知行创客课程体系。不同于中小学的创客课程体系更具针对性和学校特色,区域层面的课程体系更注重顶层设计,为方向性指导,同时能够凝聚更多教师力量,并从教师专业发展的角度提供更广阔的平台和更丰富的指导。

课程体系:河南省郑州市教育局教研室"三类三级"行知行创客课程体系(见图 3-34),以"国家课程的高质量校本化实施"为基础,以"精品特色校本课程的开发"为补充,以体验式学习和实践式项目学习为方式,有面向全体学生的普适性课程,也有满足不同学生群体需求的个性课程,能适应不同年龄段的学生需求,让每一位学生有一门属于自己的创客课程。

---

① 姬文广,曹淑玲. 创客教育,我们在路上……——行知行创客课程的"点-线-面-体"构建[J]. 今日教育,2018,1: 48-51.

创客通识课程 通识读本（必修）		学科＋融合课程 （学科融合必修＋项目选修）					校本特色课程 （个性选修）							
初级	小小创客，跟我来	信息技术之趣味编程跟我来	通用技术之技术设计跟我来	综合实践之OM课程跟我来	科学之探究科技跟我来	艺术之艺术设计跟我来	数学之……之……	校园拍客跟我来	绘本绘制跟我来	创意电子DIY	数学实验室初级	比特实验室	快乐机器人	三模	……
中级	小创客，跟我来														
高级	创客，跟我来														

图3-34 "三类三级"行知行创客课程体系

课程设置：河南省郑州市教育局教研室"三类三级"行知行创客课程体系中的"三级"指初级（面向全体）、中级（面向社团）、高级（面向精英），"三类"指创客通识读本、学科＋融合创客项目（基于国家课程校本化）、校本特色创客项目（基于校本课程开发）。

课程体系面向郑州市中小学创客教育，同时借助教研室在教育系统的指导作用，构建了跨区域、跨学科、跨学段的创客教研联盟，定期组织主题教研活动，为创客教师的专业发展提供了平台。

2. 中小学创客课程案例

在对2018年中小学发布的创客类论文进行整理的过程中，我们共获得了18所学校的课程案例，包括北京、上海、浙江（4）、江苏（3）、安徽、陕西、河南、湖北、湖南、广东、辽宁（2）、黑龙江。上述案例均为在中小学教学中已开展的课程，非培训机构或教育科研单位所设计的教学内容。通过对案例主题进行梳理，我们围绕创客内容比较聚焦的主题，分别选择了1个内容较为完整的案例加以呈现。

（1）江苏省扬州市第一中学

课程简介：《走进3D打印》是江苏省扬州市第一中学开设的信息技术校本课程。作为当前创客教育的重要主题，3D打印技术在诸多行业已经得到了应用，而3D建模则为3D打印内容的来源，是3D打印技术普及和应用的基础。《走进3D打印》课程，希望能够以有限的2D几何知识为基础，让学生快速掌握3D建模的思想和方法，通过案例欣赏、模仿制作，进而学会自主创新、自由创作。

教学目标：掌握3D打印的基本流程，学会使用三维建模软件建模；培养学生的动手能力、团队合作能力、表达能力和创新能力。

教学对象：7—8年级学习。

课程类型：校本课程（信息技术学科），共12课时/学期。

教学过程:《走进 3D 打印》课程内容共计 12 课时,课程内容由 3D 打印的基本知识和原理、3D 建模的基本操作和 3D 建模作品制作三大部分组成。在教学过程中,教师采用案例欣赏—模仿制作—创意拓展的方式,指导学生掌握 3D 建模的基本操作,引导学生学会自主创新。课程评价采用过程性评价和总结性评价相结合的方式,从学生出勤率、课堂表现、课堂作业情况和综合实践几个方面进行评价,实现了创客课程多元评价的特点。

江苏省扬州市第一中学在学校层面针对各学科校本课程有规范的课程申报、审批规则,并会对课程内容、教学质量等进行督查,确保每一门课程的开设都能够实现教学目标,达到对学生能力的培养和学科学习的拓展。

(2) 辽宁省沈阳大学附属实验学校①

课程简介:《小学机器人创客基础课程》是沈阳大学附属实验学校教师与沈阳大学师范学院教师结合小学机器人创客教育的实际需求,采用乐高 Wedo2.0 机器人套件开发的基础课程。该课程关注机器人教学与多学科的结合,并积极探索创客教育的大班教学模式。本课程循序渐进介绍机器人的相关基础知识及机器人课程中与信息技术、科学、语文等学科相关的知识,通过让学生自主地在探索中学习、思考,寻找问题的解决办法,动手实践,展示创造成果等方式,提升小学生的创新思维和创造能力,弥补传统教育忽视动手实践能力、创新能力和个性发展的缺陷,激发其创造的潜能与兴趣。

教学目标:在学习方面,使学生拓展机器人、信息技术、科学和语文等相关知识,学会初步编程,帮助学生形成学习意识,选择合适的学习方法,提高学生的自我评价能力;在科学精神方面,培养学生严谨科学的求知态度,提高学生逻辑思维能力,培养学生勇于批判探究的科学精神;在实践创新方面,培养学生在日常活动、问题解决、适应挑战等方面的实践创新能力与创新意识。

教学对象:5 年级学生。

课程类型:小学信息技术课程的拓展延伸模块与创客课程的基础模块,共 32 课时。

教学过程:乐高 Wedo2.0 课程包中有多种实验,其实验内容分为基础实验、引导实验、开放实验三类(见图 3 - 35)。以课程包为参考,结合实践的实际情况,在实践过程中对三类实验进行了筛选与整理,在此基础上进行了创新实践,共改编设计了 16 个实验,共 32 学时,使其与多学科整合。在基础实验中,本文改编设计 3 个实验:机器人基础、传感器介绍与直线行驶,旨在帮助学生掌握如何运用和操作 Wedo2.0。在引导实验中,本文改编设计 8 个实验:力的作用、速度、地震与建筑、青蛙的生长变化、动植物传粉与授粉、预防洪水、空投与营救和废品分类回收,旨在提供清晰的操作步骤,帮助学生完成实验并引导学生逐步学会创造。在开放实验中,本文改编设计 5 个实验:捕食者与猎物、动物与昆虫的表达方式、动物的穿越过道、灾害预警和搬运材料,给予学

———————————

① 戴玉梅,王健潼,彭青青,孟佳,董焕.基于核心素养的小学机器人创客课程实践研究[J].中国教育信息化.2018 (1):5-11.

生更开放的探索和学习体验。实验内容作为信息技术的拓展延伸,与小学科学、语文等学科进行了深度融合。

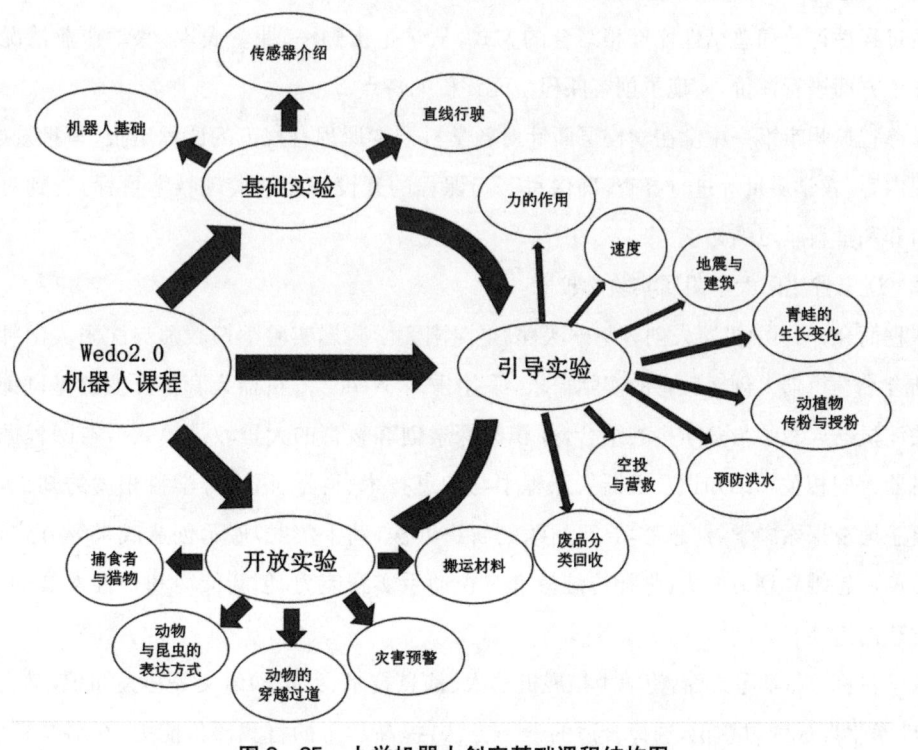

图 3‐35　小学机器人创客基础课程结构图

（3）浙江省杭州外国语学校①

课程简介：浙江省杭州外国语学校的 Arduino 校本课程,是结合如《爱上 Arduino》《基于 Arduino 的趣味电子制作》《Arduino 从基础到实践》等较为成熟的 Arduino 教材与学校学生学习能力所编写的校本课程,课程目录见图 3‐36。教材内容包括 Arduino 的基本语句和 C 语言简单算法,以及单片机数字、模拟输入输出,PWM、中断及串行通信的各种方式,发光二极管、电阻、光敏电阻、温度传感器、人体红外传感器、数码管、电机、三极管、电机驱动芯片 LM293D 等常用电子元件。

教学目标：以开源硬件为平台,学习软件编程和硬件的应用,以及通过软件来控制硬件的智能控制方法;培养学生自主学习能力;培养学生工程师思维;加强所学知识与生活实践的联系。

教学对象：高中生。

课程类型：校本课程。

教学过程：课程分为初级班和高级班,采用"硬件简单＋软件简单→硬件简单＋软件逐渐复

---

① 张鹏峰.基于 Arduino 的创客教育课程开发[J].实验教学与仪器,2018(9)：67‐69.

杂→硬件复杂＋软件简单→硬件复杂＋软件逐渐复杂"的教学模式,教学过程注重学生自主探究和生生、师生活动。在课程教学目标的视线中,初级班学生需要完成适合自己能力的项目,掌握Arduino数字、模拟端口的应用和基本的编程范式,完成C语言和算法内容学习,掌握各种电子元器件的使用;高级班学生需要完成包含三维制图、3D打印、机械结构设计和智能控制方面的软硬件设计,还需要了解单片机、计算机以及与网络的通讯方式,完成较为复杂的创客项目,如计步器、自动浇花模拟装置、自动感应电梯模拟电路等。

项目编号	目 录
1	控制单盏灯的明暗
2	控制多盏灯的明暗
3	人机互动——交通红绿灯
4	亮度指示器
5	温控灯
6	数码管
7	抢答器
8	电机的速度和方向控制
9	自行设计根据外界环境控制速度方向的电机

图 3-36　浙江省杭州外国语学校的 Arduino 校本课程目录

3. 学科结合创客课程案例①

本章节中所指的学科结合创客课程案例与 STEM 课程不同,STEM 课程关注跨学科的主题,在学习过程中以学习学科知识为核心,而学科结合的创客课程则在关注学科知识的同时,注重学生动手"造物"的实践活动。在对 2018 年中小学创客教育案例收集的过程中,共获得了 4 个结合基础学科的创客课程案例,涉及数学、物理和美术学科,主要面向小学和初中阶段学生。与数学、物理学科结合的创客课程案例,旨在将抽象的概念可视化,让学生通过实践更直观地掌握一些基本原理;而美术学科的结合,则是从艺术设计的角度培养学生的设计能力和艺术素养。在这里,我们选择了一个教学过程较为完整、学科特征和创客特征都比较突出的课程案例作为此类课程的代表。

四川省成都市泡桐树小学

课程简介:"借镜观形"是四川省成都市泡桐树小学以数学学科为基础开展的"玩转数学"创客课程中的一个创客教学活动。"玩转数学"系列创客课程目前已经打造了 27 个主题活动,课程的主要目标是打破传统课堂单向灌输的教学方式,学生通过学习相关领域(有但不限于数学学

---

① 周利平,魏仕贵,邓丽萍,等. 创客教育活动设计与应用——以成都市泡桐树小学"玩转数学"创客课程为例[J].广西教育学院学报,2018(5):197-202.

第三章　区域案例　　63

科)的知识和创客项目的"创做",通过"做中学""做中创"来培养、提升学生的高阶思维能力、实践动手能力、沟通交流和协作能力,从而巩固深化学生的学术能力。

教学目标:培养学生感知镜面成像的特点,初步感知轴对称图形的特点;灵活运用镜面成像的特点制作印章,同时,学会"阳刻"和"阴刻",进一步体会轴对称图形在生活中的应用,了解"印刷"的方法。

教学对象:3—4 年级学生。

课程类型:融入学科课程。

教学过程:感知镜面成像,并灵活运用镜面成像的特点制作印章,活动内容见图 3 - 37、图 3 - 38。

活动内容	活动规则	材料准备	活动目的
活动1:**上下左右,四面出击。**通过把镜子分别放在车牌上面、下面、左面、右面照一照,观察镜子里图片的特点并用火柴棍摆一摆。	1.以小组为单位,把镜子分别放在车牌的不同方向,观察镜子中的车牌形状并用小棍摆出来（上面、下面、左面、右面）; 2.与"标准车牌"相比,按完成速度快慢分别各计:4 分、3 分、2分、1分; 3.评价学生作品误差;与"标准"相比,按错误次数从少到多依次各计5分、4分、3分、2分、1分。	**百宝箱:**车牌 4 张,白纸两张,镜子每人一面,火柴棍数盒,双面胶若干; 川A47Y 29	在活动中感知镜面成像的特点:把镜子放在车牌的上面和下面得到的图形是相同的;把镜子放在车牌的左面和右面得到的图形是相同的。

图 3 - 37 感知"镜面成像"活动介绍

活动内容	活动规则	材料准备	活动目的
活动 2:一笔一画,精雕细刻。利用镜面成像的特点制作印章。	1.以小组为单位,运用百宝箱中的工具,想办法雕刻出规定的算式; 2.与"标准算式"相比,按完成速度快慢分别各计:4 分、3 分、2分、1分。	百宝箱: 算式各一张,刻刀、印泥一盒,土豆、冬瓜、南瓜、苹果、红薯等若干 "标准"算式卡片如下: 36÷4=9 6×7=42 5+7=12 14—9=5 24÷3=8	利用镜面成像的特点制作印章,进一步体会轴对称图形的特点。

图 3 - 38 运用镜面成像制作印章的活动内容

三、STEM 教育典型案例

STEM 教育案例主要聚焦以"跨学科"学习为突出特征的课程。通过对 2018 年中小学 STEM

课程案例进行梳理,共获得了15个具有明确教学环节、课程目标、学习对象的课程案例。与中小学创客教育案例不同,STEM课程案例基本均为独立的课程主题,采用项目式学习的方式,提倡学校自主探究。且2018年所获得的15个案例中,以中小学为主导自主设计开发、或与高校合作开发的STEM课程案例为7个,其他的8个STEM课程案例均为高校或相关教育科研单位、青少年社会实践单位设计开发的。STEM课程案例关注的学科以数学、物理、生物、地理等理科学习内容居多,面向高中阶段的课程内容较多。

在所获得的STEM课程案例中,团队通过筛选和整理,选择了以下一些较有代表性的课程案例。

1. 北京市第八十中学①

课程简介:《重现富兰克林的风筝实验》是一门以物理为核心学科的STEM主题课程,以复原富兰克林的风筝实验的项目式学习展开,以小组合作学习的方式,通过基于工程的学习,运用数学、科学的知识进行探究,设计解决方案,亲自动脑动手,通过技术达成目标。

教学目标包括物理观念、科学思维、科学探究和科学态度与责任四个方面。

物理观念:能用共点力的平衡条件,分析风筝的平衡问题;了解静电现象,能用原子结构模型和电荷守恒的观念分析静电现象;了解生产生活中静电的利用与防护知识,培养学生的物质观念、运动与相互作用观念;观察并能识别常见的电路元器件,了解它们在电路中的作用;会使用多用电表;能分析和解决电路中的简单问题,能将安全用电的知识应用于日常生活实际。

科学思维:体会富兰克林风筝实验过程中的科学思想和方法,促进科学推理思维的发展;经历复原富兰克林风筝实验验证的论证过程,促进科学论证思维的发展;经历复原富兰克林风筝实验的设计过程,促进质疑创新思维的发展。

科学探究:经历复原富兰克林风筝实验的设计、验证过程,能应用控制变量的方法制订科学探究方案能合理地选择、使用实验器材进行实验,获取实验数据;会处理实验数据以获得结论;会判断实验数据的可靠性,能修改完善实验方案;提高科学探究能力。

科学态度与责任:通过学习电学内容,培养解决实际问题的能力;了解科学研究方法在物理学中的应用,体会物理研究对简化的追求;经历复原富兰克林风筝实验的设计、验证过程,渗透实事求是的科学观,基于逻辑和证据,发表科学见解和评价别人的观点;学会与他人合作,合理分工、协作,共同完成学习任务。

教学对象:北京市高中实验班学生,物理基础好,学习能力强。

STEM特征分析:在科学知识层面上,主要以高中物理静电学的知识为依托,涉及电势差、电流产生条件、静电屏蔽等重要概念,而风筝的制作则需要力学的平衡原理;在技术层面上,主要是

---

① 韩叙虹. 基于物理核心素养培养的STEM教学的实践与探索——以"重现富兰克林的风筝实验"项目式学习为例[J]. 中学物理:高中版,2018.

风筝的制作技术,且每个复原环节的攻克、科学实验的过程都是技术的体现;在工程层面上,在阐释富兰克林实验方案的基础上,让学生讨论、设计了3个工程问题,再要求学生通过设计实验逐一解决,以上工程问题及问题的解决都体现了问题驱动下的STEM理念;在数学层面上,本主题课程将数学作为有效的测算工具,主要涉及风筝制作的尺寸、配重、形状等的计算,电表的读数、电阻的估算等。

教学过程包括富兰克林风筝实验方案的解读和准备、风筝的制作与起飞、在校园里复原富兰克林风筝实验和在国家电网特高压实验基地里重现富兰克林风筝实验,见图3-39。

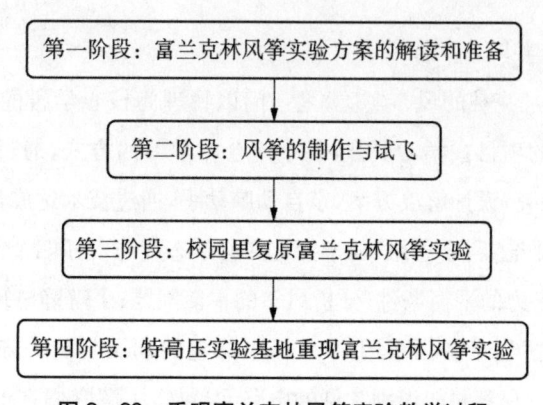

图3-39 重现富兰克林风筝实验教学过程

富兰克林风筝实验方案的解读和准备:课程引入(动画短片和课本上富兰克林的故事);发放实验资料、学生分组;各小组设计实验需解决的关键问题;各小组设计实验方案。设计意图是通过阅读、翻译实验方案,探讨复原实验的关键点,从而设计复原实验解决的3个关键性的工程问题,经历问题设计过程,让学生体会要解决一个项目需要经历的一般流程,特别是如何合理地分解项目,学会提出问题,领悟搭好项目的"脚手架"的重要性。

风筝的制作与试飞:讨论实验所需材料;试制作;改良风筝。设计意图是让学生学习运用力学的平衡原理,借助数学的工具,研究风向和升力之间的关系,测算并确定风筝的材质和配件,以及风筝的大小和形状等;让学生亲自动脑动手制作风筝,既要遵从原实验方案的精神,又要有开拓创新精神,对风筝进行改良;另一方面,让学生自己制作风筝和放飞风筝本身就是技术上的一大考验,有助于培养学生实验操作的能力和分工合作的精神。

在校园里复原富兰克林风筝实验:通过探究解决风筝能把天上的电导下来吗、铜钥匙是否能产生电火花和放风筝的人是否会发生触电事故三个问题。设计意图是本阶段属于典型的基于问题解决模式的科学探究实验过程:实验,观察,质疑,解释;再实验,观察,解释……在一轮又一轮的实验改良探索中,学生的热情高涨,思想的火花不断也被激发,激励着学生勇于探索、大胆尝试,探究过程充满了理性的力量和思辨的光芒,大大提升了科学思维的论证能力和质疑创新的精神。

国家电网特高压实验基地重现富兰克林风筝实验:该阶段的设计意图是用最接近真实的科

学实验来探索未知,尊重事实、实事求是、追求真理是每位从事科学教育工作者都应该有的职业操守。科学的艰辛和来之不易的成果,以及经过层层探索之后体验到的科学之美,深深地感染到每一个人,接受科学的"洗礼",激发好奇心、想象力和创新思维,会使我们的学生感到科学原来有着如此美好的秉性,从而更加钟爱科学,更有激情地去学习科学。

2. 上海市上海中学①

课程简介:《建筑结构设计》是上海中学结合美国国际技术与工程教育学会 2014 年提出的 6E(Engage, Explore, Explain, Engineering, Enrich, Evaluate)设计型学习模式(Learning by Design Model)设计的基于工程设计的 STEM 校本课程。本门课程以工程设计任务为核心,为学生创设了真实情境,学生在限定条件下从初始尝试到通过探究建构科学理解、到优化问题解决方案、再到进一步实践检验,充分渗透了工程设计的"迭代"过程。

教学目标:了解基本的材料力学、结构力学知识;了解基本的地震工程和建筑结构抗震知识;学会运用规范的工程图表达设计思想;学会用力学计算软件分析结构模型;增强参与能力和动手能力;培养团队合作精神,在和他人的沟通交流中加深知识;培养批判性思维,学会反思和总结经验;体验将抽象的理论知识运用于实践,通过实践操作具化理论知识;激发对工程的兴趣积淀,拓宽眼界;提高学生的 STEM 素养。

教学对象:上海市高二学生。

STEM 特征分析:见图 3 - 40。

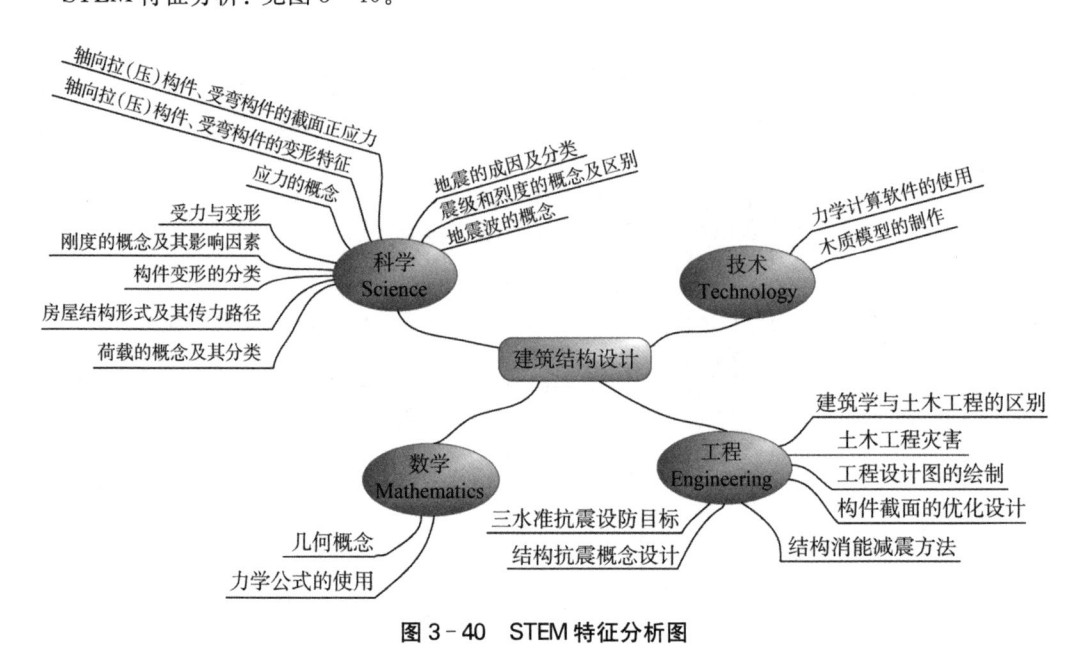

图 3 - 40 STEM 特征分析图

---

① 陈希,程林.基于工程设计的高中 STEM 课程设计与实践——以"建筑结构设计"课程为例[J]. 现代教育技术,2019(2): 121 - 128.

第三章 区域案例 67

课程的教学过程分为五个阶段：

第一阶段："参与"(1—2课时)教学设计,见表3-1。

表3-1 "参与"(1—2课时)教学设计

名称	教学内容(学生活动、教师活动)	设计目标
创设情境、提出任务	● 教师介绍建筑学与土木工程的区别,让学生明确本课程的专业范畴和学习目标。 ● 教师播放房屋遭受地震、台风、大雪等灾害破坏的视频和图片,引入建筑结构与荷载的概念。 ● 教师提炼和简化实际问题"如何进行建筑的结构设计,使其能够承受特定的重力荷载和地震作用",明确课程任务。 ● 学生分组讨论、罗列建筑物常见的荷载,并分别根据荷载的作用方向和作用时间进行分类,教师对其进行总结。 ● 学生搜集建筑结构形式的相关资料,教师分别从建筑结构材料和受力体系角度,总结常见的几种建筑结构形式,说明各种结构形式中荷载的传力路径。	● 明确课程的专业范畴、学习目标和课程任务。 ● 掌握荷载和建筑结构的概念,了解荷载的分类和常见建筑结构形式的分类。 ● 了解结构设计的思路:将设计问题转化为力学问题。

第二阶段："探索与工程"(3—4课时)教学设计,见表3-2。

表3-2 "探索与工程"(3—4课时)教学设计

名称	教学内容(学生活动、教师活动)	设计目标
初次设计制作与测试	● 教师介绍工程制图的基本概念和要求,包括能够完全反映模型的各个视图、尺寸标注、图框、标题栏等内容。 ● 教师提出制作单层建筑结构模型的任务,引导学生进行方案设计。 ● 学生(按3—4人/组)通过上节课学习的建筑结构知识和课前收集的相关资料,进行模型的方案设计讨论,提交规范的工程设计图。 ● 学生根据设计图纸进行模型制作(主要材料为桐木和502胶水)。 ● 对制作完成的模型进行称重和加载测试,学生观察加载现象,分析在加载过程中失败(或成功)的原因,并对本次模型制作进行反思,提出改进措施,形成加载测试报告。	● 学会用规范的工程图表达设计方案。 ● 建立理论与实践的联系,将所学结构知识运用于实践操作,通过实践具化理论知识。 ● 培养学生的动手能力和批判性思维。

第三阶段："解释"(3—4课时)教学设计,见表3-3。

68 中国教育信息化应用创新年度报告（2019）

表 3-3 "解释"(3—4 课时)教学设计

名称	教学内容(学生活动、教师活动)	设计目标
方案的解释 与改进	● 基于学生第一次模型加载的现象,教师引入结构受力与变形的概念,将建筑结构承受重力和地震的情况简化为框架分别承受竖向荷载和水平荷载的问题;学生探索框架分别在竖向荷载、水平荷载作用下的变形特点,绘制出变形图;教师归纳结构构件的五种变形形式,引入刚度的概念;学生探索影响构件刚度的因素,并据此得出提高结构构件变形能力的措施。 ● 教师帮助学生建立内力与变形的关联,学生根据构件的变形特征得出受力构件的内力特征;教师引入应力应变概念及拉压、受弯构件的应力计算公式,学生据此得出提高结构承载力的措施;结合学生的第一次模型制作,教师提出三个设计方案,学生运用力学知识、对比讨论出更优方案。 ● 教师从学生已知的地震相关知识入手,引入建筑结构设计的设防烈度和抗震概念设计,学生思考提高结构抗震性能的手段,教师总结传统结构抗震与新型结构消能减震的特点。	● 掌握结构变形和承载力的相关知识。 ● 了解框架结构在竖向荷载和水平荷载下的变形和内力特征。 ● 了解提高构件变形能力和承载力的措施。 ● 了解设计结构抗震的思路和结构抗震的方式。 ● 引导学生学会将理论知识运用于实践指导。

第四阶段:"深化与工程"(5—6 课时)教学设计,见表 3-4。

表 3-4 "深化与工程"(5—6 课时)教学设计

名称	教学内容(学生活动、教师活动)	设计目标
第二次模型制作	● 学生(按 3—4 人/组)通过总结第一次结构模型制作的经验,以及运用深化学习的力学知识,进行新结构模型的方案设计讨论,绘制设计草图。 ● 学生通过学习 SAP2000 力学分析软件,对所设计的结构模型进行建模和力学计算,从而优化设计方案,绘制最终方案的设计图纸。 ● 学生根据设计图纸进行模型制作(主要材料为桐木和 502 胶水)。	● 学会用力学分析软件进行结构建模和力学计算,用以指导方案设计。 ● 在第一次模型制作的基础上进行延伸和拓展。 ● 再一次构建理论与实践的联系,将所学结构知识运用于实践操作,通过实践加深对知识内涵的理解。

第五阶段:"评价"(1—2 课时)教学设计,见表 3-5。

第三章 区域案例 69

表 3 - 5 "评价"(1—2 课时)教学设计

名称	教学内容(学生活动、教师活动)	设计目标
模型加载测试和评价	● 各组学生展示自己的作品,阐述设计思路和设计要点。 ● 各组结构模型进行静力和动力加载测试,学生观察加载过程,完成加载测试报告的撰写。 ● 教师在每组加载过程中帮助学生分析受力现象及破坏的原因。 ● 教师根据课程开始前给定的量规进行形成性评价和总结性评价。	● 在课程各阶段通过形成性评价,了解学生的学习效果。 ● 学生通过形成性评价和总结性评价,确认自己是否达到学习目标。

3. 广东省广州市花都区秀全外国语学校①

课程简介:乡土地理实地考察活动广东省广州市花都区秀全外国语学校以小课题研究的形式开展地理实践活动。活动以学校所在的花都区为研究区域,聚焦日益严重的环境问题,针对花都区天马河的水质状况开展了主题实践活动。

教学目标:为学生提供足够的经验支持,培养学生合作探究精神和发现问题、分析问题、解决问题的能力,让学生从中感受到地理学科的魅力,享受实践探究的快乐。

教学对象:8 年级学生。

STEM 特征分析:

技术方面,信息技术能够帮助学生快速查询资料,电子地图能够为学生合理规划最佳路线,找到对应采样点,提高工作效率。

科学方面,"花都天马河水质状况调查"小组的研究内容涉及到化学知识,在化学老师的指导下小组成员对提取的天马河上、中、下游河段的河水样本进行了化学实验检测。

工程方面,根据实地考察和实验分析得出的结果,研究小组继续探究设计了净水装置,使学生初步形成设计思维、工程思维、计算思维。由于条件和时间的限制,研究小组没有把净水装置由设计变为成品。

教学过程:见表 3 - 6。

---

① 黄春媚. 基于 STEM 教育理念的地理实践力培养策略——以"花都天马河水质状况的初步调查与探究"为例[J]. 地理教学,2018(12):39 - 42.

表 3-6 《乡土地理考察》教学过程

实践阶段	实践内容
准备时间	1. 共同学习广州地理,了解广州本土的自然环境特征和经济文化特色; 2. 教师介绍乡土地理调查目的、方法和意义,并进行安全教育; 3. 展示往届的优秀研究成果,作为学习范例; 4. 教师提供部分选题,鼓励学生自行确立选题。
展开实践	1. 各班学生自由组合,建议每组 3—6 人; 2. 小组讨论,确立研究主题; 3. 小组成员分工,确立研究的基本方法; 4. 查找资料,准备访谈问题、调查问卷; 5. 实地考察; 6. 根据需要完成实验。
成果整理	1. 整理调查问卷、访谈内容、照片; 2. 数据统计分析,制作统计图表; 3. 实验分析; 4. 撰写调查报告。
汇报展示	1. 制作 PPT,以小组为单位汇报展示,分享调查过程、方法、心得体会; 2. 各班挑选优秀成果小组 1—3 组在年级集会上汇报展示,交流学习。

四、 创新教育典型学校案例①

1. 杭州市保俶塔实验学校

在《STEM 教育这样做》一书中,杭州市保俶塔实验学校的课程体系是 STEM 课程建设的第一个学校案例。课程体系以开源硬件、激光切割、三维设计的专业知识为基础,以项目式学习的形式通过造物的方式培养学生问题解决、实践探究、团队协作等能力,如图 3-41。经项目组成员认真研读,认为本案例更偏重于利用信息化学习工具进行"造物",因此将其归入创客教育课程建设中。

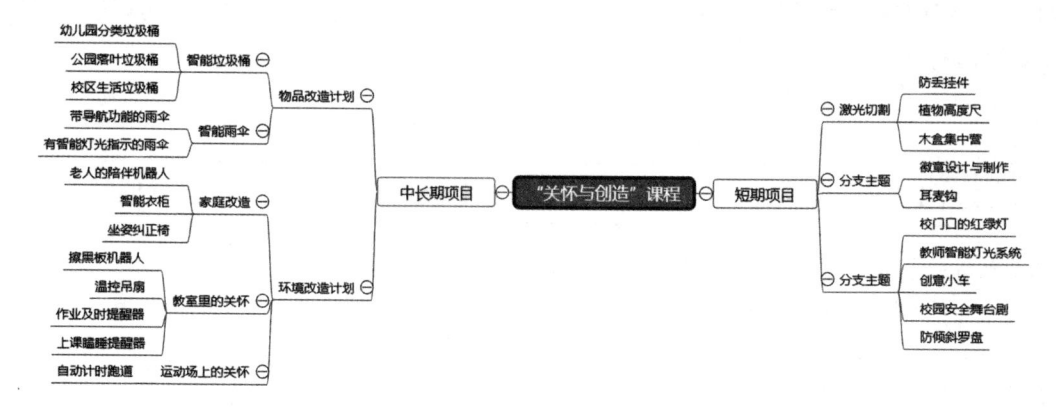

图 3-41 杭州市保俶塔实验学校"关怀与创造"课程

---

① 王素,李福正. STEM 教育这样做[M].北京:教育科学出版社,2019.

第三章 区域案例 71

杭州市保俶塔实验学校的创客课程主题为"关怀与创造",着眼于人文关怀和创新精神的同构,融合了综合学习、项目学习、设计学习以及核心素养等理论观点,强调真实问题、跨学科融合运用知识,凸显设计与工程技术的价值以及以解决问题为导向的学习方式,为学生未来素养的培养提供了一种理想构型和价值取向。该课程体系以"提出问题—确定思路—制定计划—实践迭代、解决问题—交流分享"为基本学习结构回路,如表3-7所示,让学生在项目实践中提升创新能力、设计思维、计算思维、合作探究能力等核心素养。

表3-7 "关怀与创造"课程基本学习结构

序号	环节	关注重点
1	提出问题	聚焦真实世界,运用同理心,换位思考提出问题
2	确定思路	运用想象力、批判性思维与跨学科知识,分析问题,建立知识、技术与问题之间的联系,形成创意解决方案
3	制定计划	借助设计过程把解决方案用直观的形式进行表征(草图、模型等),并将方案分解成可以实施的一组更具体的问题
4	实践迭代解决问题	材料选取、技术选型、问题探究、模型搭建等,并对涉及作品不断改进和完善
5	交流分享	展示、交流、分享

课程体系开发基于信息社会核心素养培养的学生培养诉求,和信息技术课程跨界融合创生新视野的教育需求。在网络化、数字化与智能化的信息大爆炸时代,学生要能自觉、有效地获取、评估、鉴别、使用信息,并理解技术,具备掌握技术的意愿和利用技术解决生活中的复杂问题的能力。同时,现行信息技术课程存在内容冗余、无法跟上社会发展潮流的弊端。因此,杭州保俶塔实验学校的创客课程体系内容立足信息技术学科,以智能化、编程知识为主,拓展信息技术课程内容,使其具有时代性、智能性和综合性,并将科技创新与人文关怀融合。"关怀与创造"课程目标和课程纲要见表3-8、表3-9。

表3-8 "关怀与创造"课程目标

【工程】目标	【科学】目标	【信息技术】目标	【劳动技术】目标
形成从生活中寻找问题的意识,考虑解决方案的可行性并优化。每个项目都从情境问题出发,旨在培养学生解决实际问题的能力。	真实地经历改造世界的手段、方法和过程。了解各类科学知识的基本形式、各类科学技术的操作方法和操作原理,从而更好地了解生活,"智造"生活。	掌握 Micro:bit、Arduino、三维设计、激光切割以及APP制作的基本知识,利用建模和编程,结合信息和智能化的知识,创造性地解决问题,提高信息素养与面向未来的能力。	体验劳动技术的设计、开发与生产、使用三个要素,理解技术的概念与原理,提高技术素养以及解决问题的能力。

72 中国教育信息化应用创新年度报告(2019)

表 3 - 9 "关怀与创造"课程纲要

课程纲要 开发背景		学生面临的未来是一个高度发展的网络化和智能化的时代,学生需要从现在开始为适应和引领这样的时代做好准备。这样的时代,机器智能和智能网络会很大程度上代替人解决常规的和只需要简单智力的工作。人的意义和价值将进一步得到彰显。人们会把更多关注点放在人本身上。因此,人文关怀精神和创造革新能力将成为适应和引领未来的重要核心素养。
课程目标		在以关怀为目的和以技术为载体的创造实践活动中,学会洞察需求,发现问题,感受知识的价值,产生学习动力,获得职业体验,领悟团队意义,掌握主动学习与解决问题的基本经验,在内心积淀人文关怀的情怀和创造革新精神的种子。
课程性质		拓展性课程、技术与学习深入融合课程
授课时间		12课时/学期(长课时:60—90分钟)
授课年级		七年级
课程内容		分为短、中、长三类项目。在短期项目中学习有关 Micro:bit 开源硬件、激光切割、三维设计的专业知识,积累项目知识与经验;在中长期项目中,经历完整自主的项目,利用同理心调查发现有价值的问题,并立项解决。
课程评价	对学生的评价	(1)同理心、责任感、批判性思维; (2)团队合作、同伴交流和分享; (3)学习兴趣与主动性、方法与策略、毅力; (4)动手实践能力; (5)个人兴趣和特长倾向。
	对教师的评价	(1)对"关怀与创造"课程理念与价值的理解水平; (2)提出问题、制订方案、具体实施以及评价等环节的指导支持能力; (3)个人知识体系和能力结构的变化情况; (4)小组管理的能力、沟通合作氛围的营造及个别化跟进的责任心; (5)协同教学的意识和能力; (6)适应性学习能力。
所需条件		教师的跨学科理念转变与技能的支撑、支持解决问题所需的学习环境、各类工具和材料、各行业专家库、"关怀与创造"传播平台。

2. 乐山市外国语小学

乐山市外国语小学位于四川省乐山市,拥有得天独厚的资源——乐山大佛、峨眉山、东风堰三处世界遗产,全国最大的地级市滤芯公园和神秘莫测的黑竹沟。丰富的自然资源以及独特的地区文化,成为乐山市外国语小学 STEM 课程体系设计的重要支持。

乐山市外国语小学秉持"培养全面、和谐、睿智、创新、可持续发展的现代儿童"的办学宗旨,拥有"学广致远,行雅致美"的校园文化,校园文化如图 3 - 42 所示。

学校以分年段的形式构建和实施 STEM 课程,培养学生科学、技术、工程、数学的跨学科综合素养,使学生形成乐于思考与通过实践改造生活、让生活变得更美好的创新意识,培养学生的创新思维与实践能力。各年段目标如图 3 - 43 所示。在此课程目标的基础上,乐山市外国语小学将

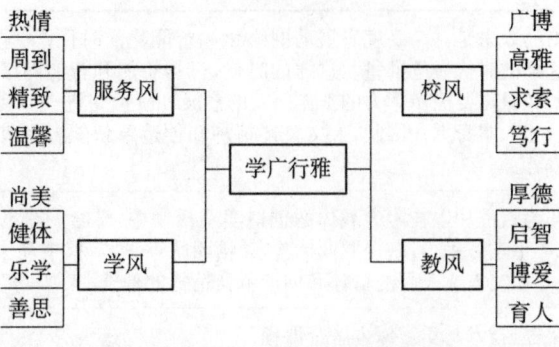

图 3‒42　乐山市外国语小学校园文化

STEM 课程设置为必修课,每周一个长课时(60 分钟)。低段课程为思维体验课程,以体验和培养学生的发散思维为主,共 54 课时;中段课程为实践发展课程,以实践和培养学生的创新思维为主,共 64 课时;高段课程为创造提升课程,以提升学生的创新思维为主,共 66 课时。

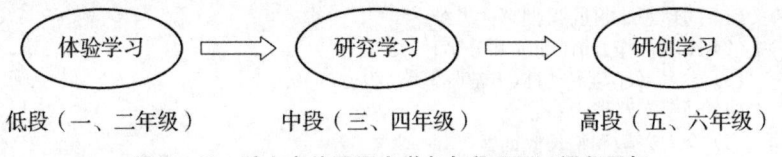

图 3‒43　乐山市外国语小学各年段 STEM 课程目标

乐山市外国语小学的 STEM 课程资源建设以不同年段、不同年级纵向衔接、横向贯通为重点,以不同领域的资源为内容载体,打破学科界限,将人文知识与科学知识交融,充分依托乐山市的地区资源,并积极探索校企合作、科研合作模式,全面自主构建不同年段的 STEM 课程内容。目前,乐山市外国语小学的 STEM 课程体系可以分为六个主要维度,如图 3‒44 所示。

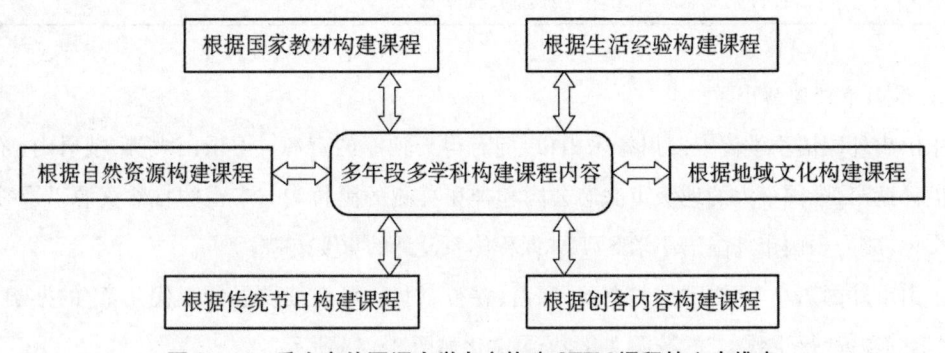

图 3‒44　乐山市外国语小学自主构建 STEM 课程的六个维度

① 根据国家教材构建课程:将各年段国家教材中相应的学科知识进行梳理和重组,用跨学科的问题构建不同年段的 STEM 课程。

② 根据生活经验构建课程：将学生积累的生活经验作为课程资源，鼓励学生在体验和实践中解决生活中的问题。

③ 根据自然资源构建课程：将土地、森林、草原、能源等自然资源作为 STEM 课程资源，实现 STEM 课程的开发本土化。

④ 根据地域文化构建课程：将不同地区的文化特色如农耕文化、民族文化、饮食文化等作为课程资源，培养学生传承经典文化、热爱地区文化之情。

⑤ 根据传统节日构建课程：传统节日是中国传统文化的重要组成内容，将中国传统节日开发成 STEM 课程资源，可以增长学生的知识，培养学生的爱国主义精神。

⑥ 根据创客内容构建课程：以不同领域的技术和创意为核心，通过在情境中加入思维设计，以"动手""迭代更新""技术""创意分析"等理念，开展跨学科 STEM 研究。

乐山市外国语小学分年段 STEM 课程内容如表 3–10 所示。

表 3–10　乐山市外国语小学分年段 STEM 课程内容

构建资源	年段	年级	课时	课程内容
根据国家教材构建课程	低段	一年级	4 课时	小小建筑师
			4 课时	树叶变黄了
		二年级	4 课时	身体里的数学
			4 课时	做个小温室
	中段	三年级	4 课时	研究不同土壤向日葵的生长情况
			2 课时	做个风力小车
		四年级	2 课时	空气净化宝
			2 课时	做个热气球
	高段	五年级	4 课时	升降机
			4 课时	设计高塔
		六年级	4 课时	玻片标本
			2 课时	声控灯
根据生活经验构建课程	低段	一年级	4 课时	投球我最棒
			4 课时	玩转纸飞机
		二年级	4 课时	蝌蚪的一生
			4 课时	纸船承重
	中段	三年级	4 课时	小小竹筏
			2 课时	做时间的主人
		四年级	4 课时	探究彩茧形成的原因
			2 课时	污水处理

第三章　区域案例　75

（续表）

构建资源	年段	年级	课时	课程内容
	高段	五年级	2课时	小小出租车司机
			4课时	设计港珠澳研学旅行方案
		六年级	2课时	家乡美景一日游
			2课时	确定起跑线
根据自然资源构建课程	低段	一年级	6课时	海棠公园里的植物
		二年级	4课时	探秘峨眉山茶
	中段	三年级	4课时	探秘萤火虫
		四年级	4课时	探秘千佛岩砂岩雕刻的秘密
	高段	五年级	4课时	嘉州绿心公园的开发与保护
		六年级	4课时	保护乐山的母亲河
根据地域文化构建课程	低段	一年级	4课时	好吃的米花糖
	中段	三年级	4课时	探秘乐山美食
		四年级	2课时	手工造纸
	高段	六年级	6课时	设计大佛维护支架
根据传统节日构建课程	低段	一年级	4课时	备年货
		二年级	4课时	团团圆圆中秋节
	中段	三年级	2课时	国庆
		四年级	2课时	清明哀思
根据创客内容构建课程	中段	三年级	2课时	设计手机支架
			2课时	设计钥匙扣
			4课时	空投任务
		四年级	4课时	设计滟澜洲新校区
			4课时	设计升降机
	高段	五年级	4课时	设计落地衣架
			4课时	智能车
		六年级	4课时	抢险救援
			4课时	我是游戏设计师
			4课时	荒岛求生
根据引进内容构建课程	中段	三年级	4课时	迷你污水处理系统
		四年级	4课时	探究捕蝇草的触发机制
	高段	五年级	4课时	电子互动纸艺术
		六年级	4课时	莫尔斯电码

76　中国教育信息化应用创新年度报告（2019）

3. 西安高新国际学校

创新教育学习空间不仅是融入了多媒体设备的信息化教室,而是需要满足以学生为中心的学习理念,支持学生进行学习、研讨、探究、实践等活动,并向学生提供基本的工具、材料、设备已经空间场地等。中小学的创新教育学习空间,由于场地的限制,通常兼具未来教室、创客空间、学科实验室等功能。本案例以西安高新国际学校的创想空间为例,呈现大规模学校面向全体学生的创新学习空间建设。

西安高新国际学校创想空间总面积达 2 400 平方米,满足了全校 95 个教学班 5 000 余名学生开展创新教育课程教学的需求(见表 3 - 11)。学习空间的设计结合了学校的具体情况(空间、资金)、教学实际(课程建设、项目研发、设备与资源)、新技术的迭代,通过对空间指标、设施指标等要素的科学规划与设计,实现功能在空间上的转化,服务于教学、服务于学生。

表 3 - 11　西安高新国际学校学习空间需求

课程类型	学习内容	空间需求
科学探究类课程	1. 探究与了解自然,获得物质科学、生命科学、地球与宇宙科学领域相关科学知识。 2. 体验科学探究的基本过程,培养良好的科学习惯,发展科学探究能力。 3. 通过观察、实验等形式获得数据,形成尊重事实、乐于探究、与他人合作的科学探究精神。	液晶彩色触屏电视一体机、3D 投影主机及幕布、VR 设备、数字视频导拍仪、学生学习移动终端(平板电脑)、教师教学移动终端、充电一体车、无线音响系统、六边形实验桌、实验服及护目镜、玻璃黑板、无线覆盖网络环境、水池。
工程实践类课程	1. 知道工程技术的关键设计、知道工程是运用科学和技术进行设计、解决实际问题和制造产品的活动。 2. 掌握常见工具和器具的使用方法,学会简单的加工方法,意识到人们的生活离不开各种工具和器具。 3. 将自己简单的创意转化为模型或实物,并在制作过程中及完成后进行相应的测试和调整。	激光切割机、木工设备(木车床、砂带机、砂轮机、方跟钻、切割机、小型电锯、台锯等)、木工工具(刀具、木工凿子、钻头套装、热熔胶枪、焊接工具、无尘锯、曲线锯、小型虎钳、木刨、锉刀等)、玻璃黑板、木工桌。
信息技术类课程	1. 了解和掌握信息技术的基础知识和技能,意识到信息技术的发展及其应用对人类日常生活和科学技术的深刻影响。 2. 掌握 3D 设计软件、图形编程软件的使用方法,提升对信息技术的兴趣。 3. 将自己简单的创意转化为模型或实物,并在制作过程中及完成后进行相应的测试和调整。	学生机、智慧黑板、音响、功率放大器、机柜、交换机、机器人套件及赛台、桌面小尺寸 3D 打印机、3D 打印笔、智能硬件套件、无线覆盖网络环境。

西安高新国际学校创想空间的建设基于对原有学习空间的改造、新学习空间的建设和未来学习空间的提升,主要包括 STEAM 实验中心、少年科学院。STEAM 实验中心依据课程类型将区域进行划分,分为功能部室区、公共阅读区、学生展示区、专业加工区、创意互动区等区域,又将功能部室区细分为宇航天地实验室、生命科学实验室、智能创意实验室、多维空间实验室、VR 体

第三章　区域案例　　77

验空间、智造工厂,创设了协作式的学习环境,能够充分满足学习者不同的兴趣、特点和需求,支持学生在不同复杂程度下的自主学习。见图3-45。

图3-45　西安高新国际学校STEAM实验中心

少年科学院更偏向于创客教学,主要功能为人工智能、机器人、3D设计及打印、木艺等方向,主要空间规划见表3-12。

表3-12　西安高新国际学校少年科学院空间规划

区域名称	面积	功能	说明
木艺DIY	150平方米	木工体验及制造	1. 工作台宽大(带台钳,高度为3种,共18张)。 2. 木工机械设备较全,有安全隐患,应隔离。 3. 木工手动工具多,需设计工具墙。 4. 木材、板材占地大。 5. 配备激光切割机、专用小机床。
人工智能实验室	60平方米	完成造物(智能创意作品、发明制造等)	一体化计算机、开源硬件及相关工具;满足创意制作与电路连接,也可以进行简单的编程与设计,完成相关智能产品的组装调试。
机器人实验室	120平方米	机器人编程、搭建、测试	分为教学区和竞赛区,可完成编程、搭建、测试、改进等学习活动。竞赛区分四处小空间,分别满足两类场地赛、创意赛和储物的功能。
3D设计及打印区	60平方米	软件建模,打印作品	配备了11台3D打印机、11台计算机以及满足3D打印所需的耗材。

在建设创想空间的同时,学校还对学习空间建立了明确的评价指标体系,见表 3-13。为中小学创新学习环境的建设提供了有价值的参考。

表 3-13　西安高新国际学校 STEM 学习空间评价指标体系

评价内容		评价标准
STEM 教育理念	学习 STEM 教育理念	● 了解 STEM 教育的缘起、内涵及国内外 STEM 教育发展的现状; ● 了解 STEM 教育"三线并行"策略及学校发展状况。
空间建设	组织机构	● 建立学校学习空间建设领导小组,建立健全领导机构,明确责任分工; ● 制定学校学习空间建设规划、实施方案; ● 建立健全学习空间管理制度,实施效果明显。
	规划布局	● 为课程提供所需的硬件资源、活动空间与人员,支持 STEM 教育的开放性和跨学科的多元性; ● 根据不同年龄学生的认知和学习水平,设计不同的学习空间,符合学生个性学习的需求; ● 布局及内部交通组织合理,学生课间就能到达指定区域; ● 建立功能区之间的联系,不受外界干扰。
	规划面积	● 生均用地面积符合相关规范要求; ● 根据功能特点、学生人数设计不同大小的学习空间,座位舒适不拥挤,满足学生合作学习的需求; ● 充分利用空间,墙壁、长廊设有展示区、阅读区等辅助学习区域。
	内部设施	● 学习空间功能性强,有满足教学需要的设施、设备、工具、材料和场地,支持 STEM 课程学习,且有安全、规范使用标识; ● 有管理制度和责任人信息; ● 消防设施、防灾设施、安防设施、监控设备和安全标志等健全,并定期维修; ● 有可以灵活摆放的桌椅,连接方便的电源、电子设备; ● 有全覆盖的无线网络,满足智能化、数字化教学需求; ● 有整理柜,疏散通道无占道现象。
	区域形态	● 区域内外风格协调和谐,粉刷颜色和质量符合统一要求。
	标识系统	● 学习空间标识和引导系统布置统一、齐全、美观。
	数字资源	● 提供丰富的数字设备和材料,将工程、设计、编程思维融入创作过程。

第三章　区域案例　　79

（续表）

评价内容		评价标准
空间应用	规范管理	<ul><li>依据《建筑工程施工质量验收统一标准》的有关规定，工程竣工验收由建设单位组织，邀请施工单位、监理单位、设计单位、勘察单位参加，组成验收组进行验收，环评资料齐全；</li><li>建立规范的管理制度，规定开放时间和方式，开放共享，消除时间和空间障碍；</li><li>设一名专职管理员，负责学习空间的管理（课前材料准备，课表排布，监管材料的使用等），做好每日巡查工作，保证空间的安全使用；</li><li>每一个学习空间都有一个具体责任人，建立台账，做好日常管理；</li><li>每一个学习空间都有使用登记表，记录翔实。</li></ul>
	功能定位	<ul><li>提高利用率，更好地服务教育教学工作，学校以"空间服务教学"为目标，不断强化管理措施，完善空间建设，并充分发挥其教育辅助功能；</li><li>充分利用学习空间组织具有科教意义的活动和基于项目的展示；</li><li>开展创新类的活动，激发学生的思维活动；</li><li>支持家长和孩子共同参与实践活动，为他们提供与科学家和工程师共同设计创造作品的机会。</li></ul>
学生成展	使用效果	<ul><li>支持 STEM 教育的开放性和跨学科的多元性，同时支持学生的学和教师教的过程；</li><li>支持学生将创意灵感转化为实物，且可以发布；</li><li>空间使用安排合理，使用率高。</li></ul>
	学习兴趣	<ul><li>制定学生管理条例，鼓励学生积极参与学习空间管理；</li><li>学生热爱学习空间，学习兴趣浓。</li></ul>
	学习方式	<ul><li>积极参与全过程学习，在合作学习中能发挥作用；</li><li>敢于质疑、乐于质疑、乐于分享，发展批判性思维、实践能力和合作意识；</li><li>与新技术结合起来创建自己的项目，有项目成果。</li></ul>
	学习成果	<ul><li>有学生作品发布，有展板；</li><li>有学生作品的分享、展示；</li><li>学生积极参加各级各类创新活动，获奖情况良好。</li></ul>
课程建设	课程体系	<ul><li>课程体系完整，有基础课程、拓展课程、选择课程、综合课程等分级课程；</li><li>课程实施办法操作性强，实行课程分级管理。</li></ul>
	课堂教学	<ul><li>灵活运用"双动五步教学策略"，体现课型特点；</li><li>有效组织教学，加强课堂管理；</li><li>设备、工具使用规范，确保师生安全。</li></ul>

第四章　国际借鉴

一、资源及经费投入案例

1. 美国 STEM 教育相关政策经费与资源投入案例

美国是 STEM 教育理念的发起国。早在 1986 年,美国国家科学基金会(NSF)就发布了名为《科学、数学和工程本科生教育》的报告,强调要"加强大学教育并追求卓越,以使美国下一代成为世界科学和技术领导者",并以此向各州、学术机构、私营部门和作为联邦机构的国家科学基金会提出诸多建设性建议,这或已成为提出 STEM 教育最早的重要文件。此后,NSF 于 1996 年对美国大学科学、数学、工程和技术教育的十年进展进行了回顾与总结,针对新的形势和问题,对学校、地方政府、工商界等提出了明确的政策建议,包括要大力"培养 K-12 教育系统中 STEM 学科的师资队伍",为美国中小学 STEM 教育的发展提供指导,并不断提供经费与资源支持[1]。

在美国于 2007 年提出的"国家行动计划:应对美国 STEM 教育体系的重大需求"中,美国国家科学委员会提出了"确保国家 STEM 教育体系的连贯性"与"确保学生是由受过良好培训的教师所教授"两条主要建议,其中要求 NSF 通过教育实践研究的基金配置、促进私人和社团基金对 STEM 教育项目的关注及投资、开发包括电脑游戏和模拟软件在内的教学平台和资源、扩大 Robert Noyce 奖学金计划以鼓励大学生从事高中 STEM 教学工作等方式扩大 K-12 阶段 STEM 教育的资源投入。

2009 年的 4 月 27 日,奥巴马在美国国家科学院第 146 届年会上宣布了"竞争卓越"的全国性教育计划。联邦政府为"竞争卓越"计划提供了 43.5 亿的竞赛基金,宣布并庆祝全美各校组织竞赛以促进 K-12 阶段 STEM 教育的开展,各州政府可以申请经费以推进 STEM 教育的改革[2]。同年 11 月 23 日,在奥巴马政府实施的"为创新而教计划"中,有五个公共部门和私营部门为

---

[1] 赵中建. 美国 STEM 教育政策进展[M]. 上海:上海科技教育出版社,2015.

[2] The Race to the Top Begins — Remarks by Secretary Arne Duncan [EB/OL]. (2020-01-05). https://www.ed.gov/news/speeches/race-top-begins.

STEM 领域的教师承诺提供超 2.6 亿美金的经费或实物支持①。

2013 年 5 月,为了加强美国 STEM 领域人才的培养,NSF 提交了联邦 STEM 教育五年战略规划,对美国未来五年 STEM 教育的发展目标、实施路径、评估指标等进行了部署。其中,联邦政府对于 STEM 教育的年投入大致为 30 亿美元,包括培养优秀的 K - 12 教育阶段的新入职 STEM 教师,同时支持现有在职教师的培训,吸引 K - 12 教育阶段的青少年参与 STEM 学习,规划了保证青少年参与 STEM 的人数以每年 50% 的数量增长等目标②。

在美国国家科学院于 2014 年出版的"K - 12 教育中的 STEM 整合:现状,前景和研究议程"一文中提到,为了成功实施集成的 STEM 教育所要求的变革,需要额外的财政资源,包括金钱、实践和计划来帮助教育工作者习得超出他们原本教育经验或学科内容的 STEM 教学内容和教学法,需要资金来支持设计、中期测试和任何大规模评估活动的实施③。

包括 2015 年奥巴马签署的《STEM 教育法(2015 年)》(STEM Education Act of 2015)中将计算机科学列入 STEM 教育类别,并纳入国家科学基金、美国联邦能源部等机构的资助范围,要求国家科学基金会的奖学金项目中增加对数学、科学教师的培训及研究支持和加强社会机构开展 STEM 教育研究等一系列措施④。可以看出,美国从国家政策、立法等角度为 STEM 教育的开展提供了大量的支持,并不断加大对于 STEM 教育领域中中小学师资培训、K - 12 阶段青少年参与等方面的资金与资源支持,以试图保持其在 STEM 行业中的领先地位。

2. 美国"项目引路"项目相关经费与资源投入案例

美国 STEM 教育的发展吸引了广大社会力量的加入,催生了一批致力于提供 STEM 教育课程体系的第三方社会组织,如项目引路(Project Lead The Way, PLTW)和变革方程(Change the Equation)等。其中,"项目引路"项目作为美国非常具有代表性的 STEM 教育项目,在 2005 年就被美国教育部评为示范性 STEM 项目,成为美国中学阶段 STEM 课程的主要提供者。

在经费投入方面,PLTW 的经费捐助者主要由一些大型企业和慈善机构等组成,如雪佛龙公司(Chevron)承诺将投入 112.5 万美元以支持 PLTW 在加利福尼亚州的 STEM 教育;洛克希德马丁公司(Lockheed Martin)通过慈善捐款、外联活动、志愿者教育等一系列项目支持 PLTW,包括通过补助金、小额赠款资助了 10 所 PLTW 高中等;考夫曼基金会(Kauffman

---

① President Obama Launches "Educate to Innovate" Campaign for Excellence in Science, Technology, Engineering & Math(Stem) Education [EB/OL]. (2020 - 01). http://www. whitehouse. gov/the-press-office/president-obamalaunches-educate-innovate-campaign-excellence-science-technologyen.

② Federal Science, Technology, Engineering and Mathematics (STEM) Education 5-Year Strategic Plan. Committee on STEM Education, National Science and Technology Council. http://www. whit-ehouse. gov/sites/default/files/microsites/ostp/stemstratplan2013. pdf. 2014/.

③ National Academy of Engineering and National Research Council. STEM Integration in K - 12 Education: Status, Prospects, and an Agenda for Research[M]. Washington, DC: The National Academies Press, 2014.

④ 李琦. 美国《STEM 教育法(2015 年)》生效[J]. 世界教育信息,2015,28(22):76.

Foundation)资助 120 万美元赠款以帮助 16 所高中和 2 所初中开设 PLTW 课程;科恩家族基金会(Kern Family Foundation)曾一直支持 K‐12 的 STEM 教育,并在 2009 年设立了 1 000 万美元的奖励基金,支持在威斯康星州、爱荷华州、伊利诺伊州和明尼苏达州等地的 300 多所学校开设 PLTW ①。

在资源投入方面,课程辅助开发者如城市网络工程学院专门为城市高中开发并提供了独一无二的基于项目的工程课程、美国宇航局与 PLTW 合作开发了高中《航空航天工程》课程、美国航空航天协会(AIAA)与 PLTW 合作并以提高学生对航空航天的兴趣和开发高质量的 STEM 课程为共同目标开发并评审了 PLTW 的航空航天课程;软件提供商如美国分析图形股份有限公司 AGI 为全国的 PLTW 航空航天工程课程提供美国宇航局正在使用的 AGI 分析和 3D 可视化软件并对学生免费开放、欧特克公司(Autodesk)为 PLTW 学校提供欧特克设计学院的软件包以及现金的数字原型机解决方案、VEX 机器人项目为 PLTW 学校提供全新、前沿和振奋人心的课程,并举办机器人比赛支持学生用手中的工具和材料创造出自己的机器人。

可见,在美国社会性 STEM 教育项目和计划开展的过程中,与社会多方和各州 K‐12 阶段学校建立了广泛的连接,通过项目合作和签署协议等途径获得了广泛来源的经费与资源以支持其自身的发展。

二、 空间环境建设案例

STEM 教育实验室作为培养学生 STEM 能力的载体,旨在通过创新性实验方法的采用和创新型实验环境的建构以达到 K‐12 阶段学生的 STEM 能力、培养 STEM 人才的目的。美国作为 STEM 教育的发起国,十分注重 STEM 实验室等相关学习空间环境的建设,在 STEM 发展的过程中,美国各方提供了丰富的 STEM 教育实验室教学空间案例。国内研究者赵慧臣等从校内和校外两个角度分析了美国的典型 STEM 教育实验室案例,指出美国校内外的 STEM 实验室营造了多方协同的学习环境,在为参与学习的教师提供技术资源的同时,也为学生提供了个性化的学习环境②。美国的 STEM 实验室配备的设备和材料资源主要支持学生完成电子产品及手工艺品的制作,普遍配备 3D 打印机、加工设备(如镂铣机)、激光切割机、放映设备、计算机等设备,并有电子元件、线缆、涂料、零件、文具等材料。在空间布局上多数是灵活可调整的,某些缺少空间的学校内将设备和材料放在小推车上,根据教学需要推进不同的课室中使用,被称为"移动 STEAM 实验室"。

---

① 钟柏昌,张禄. 项目引路(PLTW)机构的产生、发展及其对我国的启示[J]. 教育科学研究,2015(5): 63‐69.
② 赵慧臣,陆晓婷. 美国 STEAM 实验室的特征与启示[J]. 现代教育技术,2017,27(4): 25‐32.

1. 美国典型 STEM 教育实验室案例

波士顿艺术学院(Boston Arts Academy, BAA)是波士顿唯一一所从事视觉和表演艺术的公立高中,有 450 余名学生。该校于 2014 年在私人基金的大力支持下开设了 STEAM 实验室,并聘请了一名总监来建立创客空间/艺术家工作室/制作实验室。STEAM 实验室可帮助教师和学生探索艺术、科学和数学之间的联系,并将新技术纳入其项目。学生将体验艺术、科学和设计流程的相似之处,并深入研究 3D 建模和设计、电子、数字媒体和制造。该实验室配备了桌面 3D 打印机、激光切割工具等支持在校师生开展丰富的教学活动以探索艺术、科学和数学之间的联系,如 BBA 的师生们可以使用 3D 打印技术来打印诸如仿生学等学科主题和分数之类的数学概念的想象模型,以构建基于班级的 STEAM 教学项目[①]。

贝尔沃堡小学 STEAM 儿童实验室为学生创设基于真实情境的实践挑战,根据学生的年龄、年级、认知水平和学业水平设计了水、气候、职务、声学等主题的项目,以及环境考察、机器人设计、编程、3D 打印等活动。此外,学校还组织创客空间实验室、STEAM 家庭活动等以促使儿童寻找感兴趣以及适合的 STEAM 学习方向[②]。

格林威治学院(Greenwich Academy,一所 K - 12 阶段女子预科学校)于 2013 年成立了工程与设计实验室(EDL),旨在鼓励和促进在各种课程中运用创造力和新技术。EDL 是收集各种思想并将其产出为 STEM 课程、艺术、设计以及人文项目的空间。除了综合型项目外,EDL 还为所有的学生提供了以 STEAM 为重点的课程。该实验室拥有灵活的空间布局,是一个设备齐全的数字制造空间,其中的设备包括 3D 打印机、激光切割机、数控机床等,在那里,数字世界和物理世界结合在一起。该实验室还提供木工和手工制造工具、微控制器、电子元件和各种建造材料。实验室分别为低年级、初中和高中的学生开设基于 3D 打印技术的玩具制作、电子音乐键盘制作和用于制造的 3D 设计等一系列课程,并配备有专门的 STEAM 调解员为师生的 STEAM 项目教学提供辅助[③]。

赵慧臣等对上述校内 STEM 实验室的简介和特点进行了梳理,详见表 4 - 1。

2. 新罕布什尔州儿童博物馆 STEM 教育实验室案例

美国新罕布什尔州多佛市儿童博物馆于 2016 年 3 月中旬,在 Thermo Fisher Scirntific 的支持下开放了拥有专用空间和高科技设备,能够支持和吸引新罕布什尔州未来创新者的 STEAM 创新实验室。该实验室邀请教育工作者以及儿童和家庭使用该实验室围绕协作、批判性思维与

---

① Boston Arts Academy. The Boston Arts Academy STEAM lab [OL]. (2020 - 02 - 03). https://bostonartsacademy. org/our-program/steam-lab/.

② Fort B. Kids lab course descriptions [OL]. (2020 - 01 - 31). http://www. fcps. edu/FtBelvoirES/.

③ Greenwich Academy. Engineering & Design Lab [EB/OL]. (2020 - 02 - 01). https://www. greenwichacademy. org/academics/signature-programs/engineering-design-lab.

表4-1 美国校内STEM实验室案例简介与特点[①]

名称	实验室简介	特点
波士顿艺术学院STEAM实验室	● 所属部门：艺术学院。 ● 愿景：将波士顿艺术学院的STEAM倡议提升到新的高度，塑造新型的STEAM教学空间；将实验室打造成为学生玩耍、思考和创造的地方，为学生项目实践活动提供资源、工具和指导。 ● 典型活动：视觉活动、3D打印、激光切割、电子纺织物和3D模型设计。 ● 活动形式：合作、小组互动或独立学习。 ● 特色：支持学生从所处环境中发现材料，并与新技术结合起来创建自己的项目。	为学生提供丰富的资源、工具和设施，支持STEAM课程学习。
贝尔沃堡小学STEAM儿童实验室	● 所属部门：学校。 ● 愿景：为幼儿和六年级以下的学生提供分年级的试验活动，给学生创设基于真实情景的动手操作挑战。 ● 典型活动：水试验、植物培养、天气预报、声学试验、环境考察、设计机器人、计算机编码、3D打印和素描等。 ● 活动形式：大学实地考察。	根据不同年龄、年级学生的认知与学习水平，设计不同STEAM项目活动，以符合学生的个别化学习需求。
格林威治学院STEAM实验室	● 所属部门：学院。 ● 愿景：为K-12学生开发完全集成的STEAM实验室；从空间、工具、机器和教师等方面，支持开展跨学科的学习。 ● 典型活动：3D扫描与打印、数控机器、激光切割、恐龙探究、软性电路设计、纸电路制作、RGB夜灯、木材加工和LED灯等。 ● 活动形式：工作坊或独立制作。 ● 特色：灵活布局的物理空间；STEAM协调员提供项目活动的辅助工作；学生可以成为实验室的助理或助教。	营造教师、家长和校友共同参与开发的工作坊；设计分级项目课程。
提顿县学区数字制造实验室	● 所属部门：学校。 ● 愿景：综合运用软件和硬件，将艺术融入项目学习中，为社区内成年人和其他学习者提供晚上和校外学习机会。 ● 典型活动：绝缘体与导体的区别、LED灯制作、激光雕刻、3D打印、木工、首饰制作、缝纫与纺织。 ● 活动形式：小组活动，学生、教师和社区成员共同参与。 ● 特色：设计评价量规，提供教学反馈。	提供丰富的数字制造设备与材料，将设计思维融入创作过程，并以小组项目的形式鼓励学生开展协同学习。

---

① 赵慧臣,陆晓婷. 美国STEAM实验室的特征与启示[J]. 现代教育技术,2017,27(4)：25-32.

课堂外世界的联系的主题开展教学,其空间被设计为未来的原型教室,其中的家具可以进行调整以支持各种任务的完成。该实验室配备了投影仪、iPad、用于原型和设计的材料以及真正的工具和科学设备,包括 3D 打印机和大功率 Floid 细胞成像系统等。实验室开展的典型学习活动包括3D 打印、细胞成像、设计 APP 游戏、雕塑、创建电路、提取 DNA、插图制作、恐龙、音乐、航空和世界文化等,教师、儿童和家庭共同参与主题研究,并提供了丰富的实地考察机会以满足学生的社会学习需求。该实验室为学习者提供用于 STEAM 选项的空间环境和设备设施,向公众提供了丰富的学习体验机会,也为教育者提供 STEAM 教学需求分析和培训支持[①]。

3. 虚拟工程科学学习实验室案例

除了物理空间环境之外,国外研究及企业也通过研发虚拟的 STEM 教育环境,如互动仿真平台(PHET)、虚拟实验室(Myscope、Outreach、SPARC)、基于 AR 的 STEM 教育程序(Anatomy 4D,Elements 4D、Zoo-AR、Amazing Space Journey 等)、在线科学探究实验室(http://onlinelabs.in)等以促进 K-12 教育阶段的 STEM 教育过程。

虚拟工程科学学习实验室(Virtual Engineering Science Learning Lab, VESLL)是一个在线交互式学习环境,旨在通过可视化和交互式问题解决向 K-12 阶段学生介绍 STEM 科目中的量化技能和概念。VESLL 通过利用虚拟学习实验室的优势,作为改进工程教育的持续努力的一部分,以解决美国国家科学基金会对 STEM 教育未来提出的关于吸引当代青年人从事 STEM 领域学习的担忧[②]。

VESLL 在跨学科的理念支撑下,强调教学创新,旨在加强合作学习和问题解决策略之间的整合,并基于第二人生(Second Life)的免费在线虚拟环境,允许学生在在线虚拟环境中与预先设计好的虚拟对象进行交互,这些虚拟对象被编写成复制现实生活现象的脚本,并让学生在视觉丰富的环境中解决问题的活动。VESSLL 的课程内容包括位置编号系统、逻辑运算和电路设计以及微分方程等,并为学习者提供了预装的幻灯片学习材料。

三、 课程与教学案例

1. 美国《下一代科学课程标准》[③]

该课程标准由美国 26 个州主导,41 位科学教育专家、学者和教师参加撰写,相关学术研究机

[①] Neva C, STEAM. innovation lab children's museum of New Hampshire [EB/OL]. (2016-03-01). https://www.childrens-museum.org/blog/2016/03/steam-lab-opening.

[②] August S, Hammers M, Murphy D, et al. Virtual Engineering Sciences Learning Lab: Giving STEM Education a Second Life [J]. IEEE Transactions on Learning Technologies, 2015: 1.

[③] Next Generation Science Standard. Science Education in the 21st Century: Why K-12 Science Standards Matter and why the time is right to develop Next Generation Science Standards [EB/OL]. (2013-05-10). http://nstahosted.org/pdfs/ngss/WhyK12StandardsMatter-FINAL.pdf.

构共同参与了研发。该标准分为上下两卷。第一卷是主体部分，主要从学科核心概念和主题的视角来描述学生在各个学龄段的表现预期，并通过科学与工程实践、学科核心概念和交叉概念三个维度来呈现表现预期，最后勾勒出学科核心思想及主题间的联系。它将基础教育各个阶段讲授的科学知识划分为物理科学、生命科学、地球与太空科学以及工程、技术和科学的应用，共四个学科领域，并在此基础上明确了各阶段、各年级、各学科教学的主要内容。例如在初中阶段，物理主要讲授物质及其相互作用、运动和力、能量、波及其在信息传输中的应用；生物科学围绕生物体的结构、生态系统、遗传、进化四个主题展开；地球及太空科学的教学重点是地球在宇宙中的位置、地球系统、地球与人类活动等方面的内容。工程、科学技术及其应用的教学主要培养学生提出与界定问题、设计解决问题的方案、分析测试数据、开发模型等方面的初步技能。《1—12年级科学教育框架》认为，学生不仅要具有大量的科学知识，而且要在通过直接经验获得事实依据的基础上建构知识模型，掌握理论体系。在科学教育中，学生始终处于拓展、完善和修正的过程中。以此为指导思想，该标准确定了评估科学教育效果的三个维度。

（1）实践

新标准没有采用"技能"（Skill）一词，旨在强调科学探索和工程实践不仅需要技能，也需要各领域的专门知识，要求认知、社会、实际操作等因素的参与。科学与工程实践的教学，要帮助学生了解科学知识发现和运用的过程，认识理论知识与现实实践之间的联系，形成以科学为基础的世界观。在科学实践方面，学生要理解科学知识扩展的过程，掌握从事科学探索、模型制作、认识世界等活动的各种方法。在工程学领域，学生要认识工程师工作的过程，了解工程学与科学之间的关系。具体来讲，新标准要求学生具备从事下列实践活动的能力：

① 提出问题（科学）或明确问题（工程）；

② 建立、使用模型；

③ 设计方案、实施调查；

④ 分析、解释数据；

⑤ 运用数学和计算机思维；

⑥ 创立解决问题的理论（科学）或设计解决问题的方案（工程）；

⑦ 在实施的基础上进行讨论；

⑧ 获取、评估和交流信息。

（2）跨学科概念

跨学科概念指适用科学领域所有学科，在不同学科之间建立起密切联系。在基础教育阶段科学领域学生应该学习掌握的跨学科概念包括：模式、相似性、差异性；原因、结果；规模、比例、数量；系统、系统模型；能量、物质；结构、功能；稳定、变异。通过这些跨学科概念的学习，学生要把分属于不同分支学科的知识融合在一起，形成对世界形成整体的、清晰的、有逻辑性的认识。

（3）学科核心原理

科学教育中的学科核心原理的学习,要贯穿基础教育的所有阶段和所有学科,成为教师和学生关注的焦点。新标准认为,下列四个指标可以判定某一科学原理是否具有核心价值:

① 在多个科学学科、工程学科都非常重要,或在某一学科是关键性、支柱性的原理;

② 为理解和探究更复杂的原理和解决问题提供关键工具;

③ 与学生的兴趣或生活经验有关,或与社会及个人关注的、需要科学技术知识才能解决的问题密切相连;

④ 可作为讲授和学习的内容。

符合上述 4 项标准中的两项的原理,即可作为学科核心原理。

该标准重视实践环节的教育。为了解决基础教育阶段科学教育中理论与实践脱节的问题,避免出现重知识记忆、轻实际应用的弊端,新标准非常重视实践环节,把提高学生的实践能力当作三项教学目标中的一项。按照新标准,小学一年级的学生就应该能够运用声、光,借助一定的工具和材料设计和建造简单的装置,实现一定距离的远程通信。随着学生科学知识理论水平的提升,新标准对高年级学生实践能力的要求更高。此外,新标准将工程学和技术设为独立学科,并将最新的、与社会生活密切相关的科学技术成果纳入课程之中。例如,根据新标准的要求,在幼儿园阶段教师就向学生灌输人类与地球环境之间的关系,使学生认识到人类活动对土壤、水、空气和其他生物产生影响的观念。通过多学科的科学教育,小学学生要能够举例说明环境变化对土壤特性、水资源分布、温度、食物和其他生物产生的影响,初中学生要了解人类活动影响天气变化的方式,高中学生要能够认识到矿物燃料燃烧时产生温室气体等人类活动是全球气温变暖的主要原因,学习环境、气象领域的初步知识和技术。此外,基因等近年涌现出来的最新科技成果,也以这种层层递进的形式渗透到基础教育阶段科学学科的教学之中。

2. 美国项目引路工程(Project Lead The Way,PLTW)①

PLTW 分别设置有三种课程,分别为初中的"通向技术的大门"课程(Gateway to Technology,GTT)、高中的"通向工程的道路"(Pathway to Engineering,PTT)和"生物医学科学"(Biomedical Science,BMS)课程。具体课程内容如下:

初中部分的"通向技术的大门"课程(Gateway to Technology,GTT):该课程为六到八年级的学生而设计,课程以活动为导向围绕着几个主题进行,旨在提高初中生对技术领域的兴趣。它包括设计和建模、自动化和机器人、能源和环境、飞机和飞船、绿色设计、电的魔力、技术科学等独立的七个单元组成。其中,设计与建模涉及的主题有:什么是工程学、设计过程、测量和标尺技术、产品设计;自动化和机器人的主题有:什么是自动化、机器人、机械系统和自动化系统;能源和环

---

① PLTW. Middle school engineering program [EB/OL]. (2014 - 05 - 24). http://www. pltw. org/our-programs/middle-school-engineering-program.

境包括能源和调查、能源分类以及能源对人类生活和环境的影响；飞机和飞船包括航空航天史、航空学初探、航空之旅；绿色设计包括建筑基础、绿色建筑设计导论和建筑设计问题；电的魔力包括电子、电子学和数字电路；技术科学则包括英语化学、纳米技术和应用物理学。每个单元的总共教学时间为九周，每节课为45分钟。根据PLTW的规定，GTT单元要以基础到专业化的顺序实施，并且学校最少要实施其两个基础单元和任意专业化单元。

高中的"通向工程的道路"课程(Pathway to Engineering, PTT)：该课程为九到十二年级的高中生而设计，每门课都包含几个主题，这些主题是大学工程课程的基本内容。学生通过以项目和问题为基础的学习方式接触有关大学工程学科领域的各种问题，并为他们将来的STEM领域的学习或职业做准备。PTT基础课有工程设计导论和工程原理，对象为九或十年级的学生。工程设计导论包括的主题有：工程设计流程、草图和绘图技术、工程文件和绘图标准、应用几何、三维CDA建模、产品设计、工程道德和逆向工程设计。工程原理涉及的主题有：机械、能源来源、能源的应用、机械控制、水能、统计、材料属性、材料测试和动力学。专业化课程有航空工程、生物技术工程、土木工程与建筑、数码电子和计算机集成制造，对象是十到十二年级的学生。航空工程课包括航行学、航空原理、航空导航、空间物理学、动力装置、航空航天信息系统和航空工程系统；生物技术工程包括生物工程导论、环境和农业工程和生物医学；数码电子课包括数字电子学、整合数字逻辑设计、时序逻辑设计和微机控制系统；计算机集成制造课包括制造原理、产品制造流程、自动化系统设计；土木工程与建筑课程包括土木工程史、住宅设计和商业建筑设计的概念和设计方法。顶级课程为工程设计和发展，专门为十二年级的学生而设计。该课程围绕着设计流程、设计问题的确定、项目管理、设计要求、设计方案、样品设计和测试、评价和完善设计方案、记录、展示结果等主题，让学生选择一个开放性的问题进行项目学习。以上课程的教学时间都为一年，每节课的长度为45到50分钟。如果学校实施双节课程时间，可以在一个学期完成一门课。根据PLTW的规定，学校至少实施三门PTT课程，其中包括两门基础课程和任意专业化课程或顶级课程。

高中"生物医学科学"课程(Biomedical Science, BMS)：该课程也是为九到十二年级的高中生而设计，可以和高中PTT课程并行实施。其基础课程有人体系统、生物医学科学原理和医疗干预三门。生物医学科学原理课为九或十年级的学生而设计，主要涉及的主题有人体系统和心脏病、糖尿病、高胆固醇和传染病等各种疾病；人体系统课为十到十一年级的学生而设计，主要涉及的主题有人体结构、人体代谢、能量、人体运动、运动生理、人体保护和体内平衡；医疗干预课为十一或十二年级的学生设计，其包含的主题有传染、DNA测定、预防癌症、如何对抗人体器官的衰退。顶级课程生物医学创新为十二年级学生而设计，学生通过项目活动解决有关生物药学和健康的问题。学生围绕以下主题要完成项目：设计一个有效的紧急室、人体生理、设计医疗创新产品、环境卫生调研、解决一个公共卫生问题。

在课程教材编排方面，PLTW认为不管是老师或者是学生，有学习重点和活动安排的明确的课程计划是至关重要的,因此其课程是为新老师和有经验的老师提供最大的指导帮助而设计的。就其课程设计结构而言,教材由以下三个部分组成:单元计划、每节课的计划和活动。每个单元分成几节课,每节课由以下部分组成:前言、关键概念、国家课程标准、学生要达到的学习目标、评估手段和要求、学生要解决的基本问题、关键词、每日活动安排和为教师和学生提供的教学资源,如课上展示的幻灯片、活动答案、教师辅助资料和有关本节课的参考读物等。

PLTW项目的课程采用基于活动、项目和问题(Activities,Project,and Problem-based,APPB)的教学方式。APPB教学法是一种综合的教学方式,它围绕着各种活动、项目和研究问题而进行,旨在提高学生的实践能力和问题解决能力。活动是一种涉及过程的教学方法,使学生习得在以后的更复杂的情境下使用的技能;项目学习是一种综合的教学方式,学生围绕着一个项目主题或相关活动,整合他们以前所学过的知识的同时在与课程相关的背景下解决问题;基于问题的学习也是另一种教学策略,通过对学生提出课程内容相关的问题,鼓励他们整合和构建自己的知识,且让他们积极参与复杂问题的解决过程。在基于问题的学习中,学生提出策略同时掌握自己的学习进度,关键的是,这种情境化问题使学生更容易进行知识的连接和感觉到所学知识的价值。

3. 美国项目引路工程"机械"课程内容结构案例①

该案例见表 4-2。

表 4-2 "机械"课程内容结构案例

前言	机械装置是大多数机器的基本组成部分,它们由齿轮,链轮,滑轮系统,以及简单的机器组成。几千年以来,对机械装置的正确理解和有效使用,为技术和社会进步的发展了做出了很大的贡献。机械装置首次应用在旧石器时代的狩猎、采集和住房建设等方面。然而在今天的日常生活中,我们到处都可以见到机械装置,如自行车的基本组件、医疗行业中的高科技设备等等。工程师和科学家们用机械装置来操作速度、距离、力量和功能以满足广泛的设计和应用要求。机械装置在工程设计中的应用范围可以从大规模的设备制造到小型汽车,住宅和办公室的电气设备。因此,设计者和使用者有必要了解机械装置的特性、应用和局限性。在这节课里,学生将通过在实验室进行基于理论的计算掌握机械装置原理。
概念	1. 工程师和工程技术人员运用数学、科学和特定学科的技能来解决问题。 2. 工程和工程技术为各种背景和目标的人创造各种工作的机会。 3. 通信技术可以以口头、书面和视觉形式的形式完成,但必须有一个清晰且简明的方式。 4. 大多数装置是由齿轮、链轮、滑轮系统以及简单的机器组成。 5. 机械装置用于操纵某系统中的力、速度和距离。

---

① Project Lead the Way POE-Unit1-Lesson1 [EB/OL]. (2011). http://view. officeapps. live. com/op/view. aspx? src=http％3A％2F2Fwww. switzerland. k12. in. us％2Fpdf％2FCurriculum％2FHigh％2520School％2FPLTW％2520Curricula％2FPLTW-％2520Barry％2520Smith. doc,/.

（续表）

学习 目标	1. 能够区分工程和工程技术的区别。 2. 理解不同工程学科之间的区别。 3. 能够测量有关机械装置的力和距离。 4. 能够区分六个简单机器以及属性和相应组件。 5. 计算机械装置的优势和传动比。 6. 计算机械系统的做功和动能。 7. 确定一个机械系统的效率。 8. 能够设计、创建、测试和评估复合机。
评估	① 解释： 学生将解释工程和工程技术之间的差异。 学生将解释在机械系统的做功和动能之间的关系。 学生将解释计算机械装置优势的过程。 学生将解释在日常生活中的简单机械的重要性和相关性。 ② 应用： 学生将运用简单机械的知识，计算实验室环境内物体的机械优势。 学生将应用系统效率的知识来计算机械系统的效率。 学生将适用齿轮，链轮和皮带轮系统的知识来计算速度、距离、旋转方向以及机械优势。 ③ 反思： 学生将被要求通过记日记的方式记录他们的想法和意见，如：今天最难的部分有哪些、今天完成了哪些活动任务等。 学生将围绕课程知识和内容进行定期自我评估。
基本 问题	1. 简单机械、齿轮、滑轮、链轮的目前应用有哪些？ 2. 提高常见的机械装置的效率的方法有哪些？ 3. 能让机械装置折中的机械优势是哪些？ 4. 在设计工程中为什么一定要了解并计算效率？
关键 术语	简单机械；实际的机械优势；腰带；链；摩擦；支点；齿轮；理想的机械优势；链轮；杠杆；滑轮；阻力；螺丝钉；静态平衡
教学活动安排	
第1天	教师分发有关工程原理这门课程的资料，如课程目标和流程。 教师分发学生工程笔记本或让他们自己准备（注：教师根据实际情况确定笔记本的形式，如日记的形式或电子档案的形式）。 教师展示样品工程笔记本PPT，并让学生讨论合格笔记的属性。 教师展示有关工程和工程技术的职业的PPT，学生记笔记。
第2天	教师展示本节课的概念，关键术语和基本问题对本节课进行概述。 教师展示简单机械杠杆、轮轴和滑轮，学生记笔记。 教师分发本节课的关键术语表，并布置作业。

教学活动安排	
第3—7天	教师分发任务单,解释和安排活动(简易机器调查)。 教师介绍机器人技术参考指南(在 PLTW 虚拟平台的 POE 页)以及其他资料,如机械装置运动子系统。 教师从机器人技术参考指南里选一个例子展示给学生,让学生了解用 VEX 设计简单机械的步骤。 学生完成任务单的第一部分。 教师展示简单机械、斜面、楔形,以及螺丝的 PPT。 学生完成任务单的第二部分。 教师收活动材料并检查学生回答情况,安排学生围绕回答情况进行讨论。 教师分发回家作业,并解释和安排活动(简单机械练习题)。
第8天	教师收前一天下发的回家作业并检查学生回答情况,安排学生围绕回答情况进行讨论。 教师展示齿轮、皮带轮传动和链轮的 PPT。
第9天	教师分发任务单,解释和安排活动(齿轮)。 学生分别完成活动并且完成回答。 学生将活动的设计记录到日记里。
第10天	教师分发任务单,解释和安排活动(皮带轮传动和链轮)。 学生分别完成活动并完成任务单中的题目。 教师分发任务单,解释和安排活动(齿轮、皮带轮传动,链轮和实践问题)。
第11天	教师收回前一天下发的活动任务单并检查学生回答情况,安排学生围绕回答情况进行讨论。 教师介绍项目设计要求并发放项目评价量表。
第12—16天	学生四人一组进行设计,构造并测试项目。 教师展示机械装置例子引导学生进行头脑风暴找出解决方案。 教师评价学生完成的项目。

4. 美国德州圣马科斯高中 PLTW 工程设计课程项目教学案例①

项目题目:为圣马科市建桥。

项目要求:圣马科斯市计划在圣马科斯河建造一列天桥以吸引更多游客到河边公园区。你的任务是从世界上最著名的桥梁,如金门大桥或布鲁克林大桥得到灵感,然后设计、建造,并用小桥原型为圣马科斯市打造出一道风景。桥的美观和负载设计是你在设计中需要考虑的主要因素。

项目中学生所用到的知识:用于实体建模和基础设计的计算机辅助设计(CAD)极限因素分析(Finite Element Analysis,FEA)软件、材料的物理和机械性能标准、测试工具和方法、自由曲面

---

① William Stapleton, Bahram Asiabanpour, Harold Stem, Hannah Gourgey. A Novel Engineering Ourreach to High School Education [C]. 39th ASEE/IEEE Frontiers in Education Conference, 2009.

加工的概念和快速原型(Rapid Prototyping,RP)制作软件和设备、团队合作、项目管理以及沟通技巧。

过程:学生首先学习古典桥梁的设计和其应用,再确定要设计的桥梁风格。选定桥梁的设计风格后,使用 AutoCAD 设计软件设计桥梁。基于 AutoCAD 图纸的设计,学生通过极限因素分析软件对桥模型的负荷强度进行测试。桥梁模型强度测试完成后,学生根据桥梁设计图在自由曲面加工和快速原型制作软件中建造出桥梁模型。最后学生对该模型再进行一次负荷测试。

5. 澳大利亚"墨尔本水的故事"①

课程背景:19 世纪,澳大利亚在成为英国殖民地以后,因为城市和工业的快速发展造成墨尔本当地严重的水污染。面对日益严峻的城市生活环境,墨尔本政府意识到获得清洁饮用水和提供安全的污水处理系统对于确保城市的未来至关重要。经过当地政府和墨尔本水务公司的共同努力,最终让今日的墨尔本成为世界上最宜居的城市之一。"墨尔本水的故事"这一项目的创设背景基于墨尔本的历史经历。

课程资源:"墨尔本水的故事"通过一系列主题活动、短途旅行和免费在线资源,帮助学生了解水与健康、污水处理、雨水管理等内容。这套 STEM 课程由墨尔本当地学校和当地水务公司共同推进,学校提供的资源包括:教育视频、课堂活动、信息和统计、早期学习者故事书和专业发展机会。墨尔本水务公司负责提供短途旅行,例如城西废水处理厂参观等。该课程旨在通过子项目的学习,使学生最终掌握相关学科的相应知识,了解墨尔本的水资源和水循环,形成保护和节约水资源的公民意识。这套 STEM 课程因为具有完善的项目体系,并具有确定的预设结果,被墨尔本当地中小学广泛采用。

课程内容:整体由四个板块组成,包括主题活动、研学旅行、课程计划以及衔接下一年级的拓展链接,在每一板块下面有设置了符合相应学段学生学业水平的子项目,各子项目涵盖、整合了地理、生物、化学、工程、技术、地区历史、社区生活等多个学科领域。

课程计划规定了各子项目开展的顺序,以确保学生能够以符合他们学业能力和逻辑的顺序,逐步接触到课程计划确定的目标概念和科学能力。学生通过主题活动和研学旅行的前期学习进行总结和修改,形成与项目目标成果相近的学业成果,落实课程知识,巩固和发展在 STEM 项目学习中形成的核心能力。

主题活动是一项围绕某一主题或问题开展的活动,主要是为学生提供驱动问题,引发学生的思考,激发学生学习的兴趣,使学生初步形成个人见解。主题和活动一般包括以下几个环节:阐明活动主题和步骤、为活动进行准备、进行活动实践、组织提问与讨论、进行汇报。

研学旅行是指学生根据课程和项目的指导,离开校园,来到与项目主题有关的自然景区、企

---

① What ends up at the sewage treatment plant? [EB/OL]. (2020 - 04 - 22). https://www.melbournewater. com. au/community-and-education/education/browse-resources-year-level/what-ends-sewage-treatment-plant,/.

业、工厂,在真实的自然、生产、生活环境中进行考察学习。

拓展链接的主要职能是对以上三个板块的补充和完善,借助网络海量的知识资源,为学生提供完成各项目所需的信息。同年级不同版块之间和不同年级相同版块之间,各子项目是相互关联的。如在F3—4年级中,一项名为"保护我们的水源"的课程计划中,规定了与其相关的主题活动的开展顺序。首先在研学旅行前,要开展的第一项主题活动是"我们的水来自哪里",在该活动中,学生们通过一系列简单的实验来探索蒸发和冷凝的概念,以更好地理解水循环和我们的水来自哪里。其次要开展的第二项主题活动是"我们社区的水",学生们需要了解在他们的家里和当地社区使用的水,是在哪里被收集起来,并创建一个"雨水水龙头"故事板,展示水是如何收集的,以及水是如何到达当地社区和他们家里的。接下来,学生们将开展研学活动"水循环模式:照顾我们的水资源",学校将组织学生去参观墨尔本当地的城西废水处理厂(the Western Treatment),通过实地参观,帮助学生更好地了解水来自哪里,以及再生水如何可持续地用于园艺、农业、工业和娱乐。之后开展第三项主题活动"明智的用水户",使学生们认识到节约用水的重要性,并制定一套节水卡片来践行在家节约用水的行动计划。最后开展"保护我们的水源"的课程,使学生了解水循环模型、水资源的循环利用,以及合理用水的重要性。

课程特点:分年级来看,在F1—2阶段,考虑到学生的能力较弱,仅设置了3项主题活动,未设置研学旅行,并且只涉及了地理、生物、科技等简单的STEM学科知识。在F3—4阶段,不论是子项目的数量还是主题活动的类型,都在逐渐增多,同时所涉及的STEM学科知识也在逐渐的丰富,部分主题活动开始要求以2人小组的形式开展。在F5—6阶段,共设置里11项主题活动,所涉及的STEM学科包含了地理、生物、化学、历史、设计、技术等等,多数的活动要求学生以多人小组的形式完成。到了F7年级之后,子项目的数量逐渐减少,课程计划也逐渐合一。"墨尔本水的故事"还有一个独特之处,就是存在着一条贯穿各年级的专题故事线。这样设置的好处在于,随着学生学业水平的提高和生活阅历的增长,学生可以依据自己不断更新的知识,重新审视和研究同一主题活动,对同一研究问题提出不同的研究视角,使学生意识到自我的成长。如在F1—6的阶段中,反复设置了名为"雨水的故事"的主题活动,活动以雅拉河为例,探讨雨水对小溪和河流的影响。学生们根据自己不断丰富的生活经验,尽可能多地提出在雨水循环过程中可能渗入的污染源,提高学生对雨水资源利用和生态环境保护的认识。

四、 师资与人员建设案例

1. 美国STEM教育师资建设案例

美国基础教育质量受到中小学教师结构性短缺的影响,数学和科学教师相对不足,因此美国政府在推动STEM教育发展的过程中对教师的专业发展相当重视。

美国在于2007年提出的《国家行动计划:应对美国STEM教育体系的总打需求》中就指出要

提高教师的水平并增加相应的研究投入,敦促要确保美国的"STEM"持续发展;2009 年奥巴马政府实施"为创新而教计划",计划中五个公共和私营部门在五年内会对超过一万名未来教师进行职前培训,并为当时已有的超过 10 万名 STEM 领域的教师提供专业发展的支持①;在 2010 年《美国竞争法》的 STEM 支持计划中,提出要从内容到经费资助等方面支持国家科学基金会设立教师奖学金项目,在同年总统科技顾问委员会应奥巴马总统"为确保美国在未来几十年保持 STEM 教育的领袖地位"之要求,提出《培养与激励》的报告,提出了包括"在未来 10 年内招收和培养 10 万名优秀的 STEM 教师"在内的建议②;2012 年 2 月"尊重项目"被启动以提升教师的职业地位,在项目启动仪式上,时任美国联邦教育部部长邓肯在发言时提出,项目的目标是与一线教育工作者一起重建他们的专业,提升教师在各级教育政策制定过程中的参与度,并达成使教师职业成为美国最重要、最受尊重的职业这一更大的目标③;2013 年,联邦政府划拨了预算 50 亿美元的预算以支持上述项目④;《STEM 教育法(2015 年)》中以立法的形式为不断加大对于 STEM 教育领域中中小学师资培训的资金与资源投入提供了支撑⑤。

教师在开展 STEM 教育时,本身需要掌握 STEM 领域对应的知识,同时开展教学活动还需要具备跨学科教学设计的能力。从事 STEM 教育的师资培养是长期的过程,美国在 STEM 教育师资上持续不断的投入是保证国家 STEM 教育发展、STEM 人才培养的基础,并通过 STEM 教学人才招募、激励政策、提升职业的社会地位和组织培训等方式不断深化其国家 STEM 教学师资队伍实力,从而扩大 STEM 教学质量与办学规模。

2. 美国"引路计划"STEM 教师培训案例

Daugherty 在对《高中工程教师发展案例研究》的研究中,调查了包括美国项目引路(PLTW)计划在内的五种高中技术教育项目,发现 PLTW 项目的教师培训方式强调培训中教师的实践操作和培训后训练,这是 PLTW 项目与其他 STEM 教学教师培训项目的区别所在⑥。

PLTW 项目的教师培训是一个三阶段的计划⑦,包括准备阶段、核心训练和持续学习,通过这三个阶段的学习,增加教师们的核心知识系统,掌握 PLTW 课程所需要的教学方法和技能。老师

---

① President Obama Launches "Educate to Innovate" Campaign for Excellence in Science, Technology, Engineering & Math (Stem) Education [EB/OL]. (2020 - 01). http://www. whitehouse. gov/the-press-office/president-obamalaunches-educate-innovate-campaign-excellence-science-technologyen.

② 赵中建. 美国 STEM 教育政策进展[M]. 上海:上海科技教育出版社. 2015.

③ Cameron Brenchley. Launching Project RESPECT [EB/OL]. (2020 - 01). http://www. ed. gov/blog/2012/02/launching-project-respect/.

④ Strengthening the Teaching Profession [EB/OL]. (2013 - 03 - 10). http://www. whitehouse. gov/issues/education/reform.

⑤ 李琦. 美国《STEM 教育法(2015 年)》生效[J]. 世界教育信息,2015,28(22):76.

⑥ Daugherty J L. Engineering Professional Development Design for Secondary School Teachers:A Multiple Case Study [D]. Dissertation, Department of Human Resource Education, University of Illinois, 2008.

⑦ Pltw Teacher Training. http://www. pltwohio. org/.

接受培训前,先进行老师的甄选。PLTW 项目对老师有规定要求:GTT 和 PTT 课程的老师应具有学士以上学位并持有州级教师资格证;生物科学的老师,应上过至少两个学期的大学预备生物课程并具备现代生物、分子生物学或生理学的技术和教学经验。

准备阶段。它是在网上进行的 PLTW 项目教师培训的第一个阶段,主要目的是考查参与教师的各项素养和能力,考查合格的教师可以参加核心培训。

核心培训。核心培训是以暑期研修班(Summer training institutes,STI)的形式进行,由大学教师和 PLTW 主讲教师组成的培训师给新的 PLTW 教师上课。培训主要使参加培训的教师以学生的角色亲历 PLTW 的各种活动和项目,在亲历过程中掌握 PLTW 的教学方法。通过最后培训考核通过的教师才有资格上 PLTW 课程。

持续学习阶段。该阶段是教师正式上 PLTW 课程后进行的学习。持续学习在 PLTW 网上学习系统的虚拟学园(Virtual Academy)进行。虚拟学园为教师提供有关 PLTW 课程教学的所有资料,如课程大纲、课程技术设备指南、评价指南、软件使用须知等。此外,教师随时可以通过虚拟学院的在线交流平台进行交流。

五、 课程评价体系构建案例

1. 美国项目引路工程课程评价体系案例①

PLTW 所实施的课程评价方式是形成性评价和总结性评价。形成性评价的内容包括学生的出勤、课堂参与度、工程笔记本、活动和项目作品等。终结性评价表现方式包括结课考试(End of Course Assessment)和 PLTW 学业进步评估(Growth Assessment)。

结课考试每个学期末在网上进行。考试在 PLTW 在线学习平台的考试评估系统内进行。学生在网上完成 40 到 50 道多项选择题,考试时间为 80 分钟。这些选择题很灵活,跟实际生活密切相关,不仅考查学生对基本知识的掌握,而且也要考查学生解决实际问题的能力。目前,PLTW 除高中工程和生物课程的顶级课程之外的其他课程都有结课考试,初中课程没有设立结课考试。由于结业考试成绩是转换大学学分的依据,考试要按照 PLTW 考试系统的规定严格进行。

PLTW 学业进步评估是 PLTW 和西北评估联合会(Northwest Evaluation Association,NWEA)合作下对 PLTW 学生进行的知识和技能评估。西北评估协会是专门进行 K-12 学生学业评价的非营利性机构,它和全美 50 个州都有合作关系。为了改善课程的评价手段,PLTW 从 2010 年开始和 NWEA 合作,对学生的数学和科学成绩进行评估。学业进步评估时间为学期开端和学期末。这不仅有利于教师更好地了解学生的强弱点以根据他们的不同需要调整教学策略,

① 2011—2012 PLTW Assessment Program〔EB/OL〕. http://archive. constantcontact. com/fs017/1102771162287/archive/1107547703071. html.

同时可以将其作为判断课程实施效果的依据。PLTW 的三类课程都要进行学业进步评估。

2. 美国"变革方程"STEM 课程评价体系案例①

2012 年,美国著名的 STEM 教育推广机构"变革方程"收集全美国的 STEM 教育活动,构建了一套 STEM 检测指标体系,该指标体系共有六个维度二十六项具体指标,见表 4-3。六大维度分别是:STEM 教育的需求、期望、资源支持、师资力量、面临的挑战内容和 STEM 学习机会。二十六项具体指标主要针对 STEM 劳动力市场、STEM 课程与教学标准、STEM 各方面的资源提供、师资队伍素质与稳定、STEM 学习机会和时间投入等方面,具体如下表所示。"变革方程"还和美国研究协会(AIR)共同分析了这些数据并发布了全美各州 STEM 教育水平的评估报告"Vital Signs"。

表 4-3 "变革方程"研制出台的 STEM 教育检测指标体系

关键指标	具体指标内容
需求	(1) STEM 职业应对全球经济风暴的情况; (2) STEM 领域失业率降低情况。
期望	(1) 州对学生设立高期望; (2) 数学标准和测试的变化; (3) 科学课作为高标准和期望的前沿领域; (4) 在国家问责制度方面确保科学课与其他学科同等重要; (5) 高中毕业生继续深造的情况。
资源支持	(1) 给教师提供世界一流的资源和支持; (2) 州为学生提供优秀的实验室等设备情况; (3) 家长对学生学习 STEM 的参与度与支持态度; (4) 州为教师提供有效的专业发展途径以增强能力的情况; (5) 州为贫困地区学生提供的资金支持情况。
师资力量	(1) 确保学生有高素质的师资队伍; (2) 教师应该有丰富的知识和较强的能力; (3) 确保优秀的 STEM 教师不流失。
挑战性内容	(1) 确保投入科学课的时间; (2) 所有学生参与到科学项目中; (3) 学习者尽早接触工程课以激发学生学习的兴趣; (4) 学习者应该具有接触挑战性课程的机会; (5) 性别不影响大学选修课程(AP)的学习。
学习机会	(1) 四年级和八年级学生的数学成绩有所提高; (2) 重视女性和少数族裔的学生; (3) 加强高中和大学之间 STEM 人才的衔接; (4) 加快缩小教育差距作为改革的优先选项; (5) 提高 STEM 学位的比例; (6) 学生高中毕业之后应该为继续深造做好准备。

---

① CTEq. Vital Signs [DB/OL]. (2020-01-06). http://Vitalsigns.changetheequation.org.

第四章 国际借鉴　　97

六、 愿景目标创设案例

世界各国在围绕 STEM 教育制定政策的过程中,不断提出并更新国家 STEM 教育培养的愿景与目标,综合各国政策、颁布的文件和研究,发现国外 STEM 教育的开展主要从学生培养目标、教师发展目标和整体国家教育三个层面展开。其中,学生培养层面的目标主要聚焦在激发学生对 STEM 学科的兴趣、提升学生 STEM 学科的学科素养、培养学生的跨学科知识/技能的运用能力、创新精神和创新能力、解决真实情境中的负责问题的能力等[1][2][3];教师发展方面的目标主要关注补全数学、科学、技术方面的师资结构性短缺,提升教师跨学科教学能力和职业地位[4][5];整体国家教育层面主要通过对教育体系进行改革、培养创新型综合型人才从而增强国家竞争力[6][7][8]。

1. 美国案例

在美国政府于 2016 年提出的《STEM 2026:STEM 教育创新愿景》中,从时间社区、活动设计、教育经验、学习空间、学习测量、社会文化环境六个方面提出了愿景规划,并指出了 STEM 教育未来十年的发展方向以及存在的挑战。六大愿景相互关联,力求在实践共同体、活动设计、教育体验、学习空间、学习测量以及社会文化环境等方面促进 STEM 教育的发展,确保各年龄段的学生以及各种类型的学习者都能享有优质的 STEM 学习体验,解决长期存在的 STEM 教育公平问题等。

2018 年 12 月 3 日,白宫和美国 STEM 教育委员会联合发布《制定成功路线:美国 STEM 教育战略》(北极星计划)(见图 4-1),该战略基于美国联邦政府提出的"所有美国人都将终生接受高质量的 STEM 教育,美国将成为 STEM 文化、创新和就业领域的全球领导者"这一宏伟愿景,制定了未来五年的三大战略目标[9]:

---

[1] 杨光富. 奥巴马政府 STEM 教育改革综述[J]. 中小学管理,2014(4):48-50.

[2] 徐田子,夏惠贤. 从危机应对到战略规划——澳大利亚 STEM 教育政策述评[J]. 外国中小学教育,2018,306(6):18-31.

[3] 胡卫平,首新,陈勇刚. 中小学 STEAM 教育体系的建构与实践[J]. 华东师范大学学报(教育科学版),2017(4):31-39.

[4] 彭敏,朱德全. STEAM 有效教学的关键特征与实施路径——基于美国 STEAM 教师的视角[J]. 远程教育杂志 2018(2):48-55.

[5] Cameron Brenchley. Launching Project RESPECT [EB/OL]. (2013-03). http://www. ed. qov/blog/2012/02/launching-projectre spect/.

[6] 徐田子,夏惠贤. 从危机应对到战略规划——澳大利亚 STEM 教育政策述评[J]. 外国中小学教育,2018,306(6):18-31.

[7] 杨光富. 奥巴马政府 STEM 教育改革综述[J]. 中小学管理,2014(4):48-50.

[8] 祝智庭,雷云鹤. STEM 教育的国策分析与实践模式[J]. 电化教育研究,2018,297(1):77-87.

[9] 陈鹏,田阳,刘文龙. 北极星计划:以 STEM 教育为核心的全球创新人才培养——《制定成功路线:美国 STEM 教育战略》(2019—2023)解析[J]. 远程教育杂志,2019,37(2):3-14.

第一,为培养 STEM 素养夯实坚实的基础。该报告提出,具备 STEM 素养的公民,将更有能力应对快速的技术变革并能为参与社会建设做更好的准备。如果所有公民都能在 STEM 教育中受益,国家将会更加强大。即使对那些可能永远不会从事与 STEM 相关工作的人来说,理解 STEM 概念、适应和使用 STEM 相关技术,也已经成为公民融入现代社会的先决条件。

第二,增强 STEM 教育多样性、公平性和包容性。《STEM 教育战略》提出,无论区域、种族、性别、民族、社会经济地位、父母受教育程度、残疾状况、学习基础等如何,所有美国人都应该有机会接触高质量的 STEM 教育,掌握 STEM 的技能和方法。未来在 STEM 教育政策制定和实践时,必须要更丰富、更公平、更包容。

第三,为未来 STEM 就业做好准备。具备 STEM 知识和能力的多样化人才,对国家关键领域,如农业、能源、医疗、信息与通信技术、制造、运输和防御,以及人工智能和量子信息科学等的创新至关重要。无论是接受高等教育的从业者,还是不需要高等教育背景的技术领域工作的从业者,国家都要为其创造更多的 STEM 学习机会。

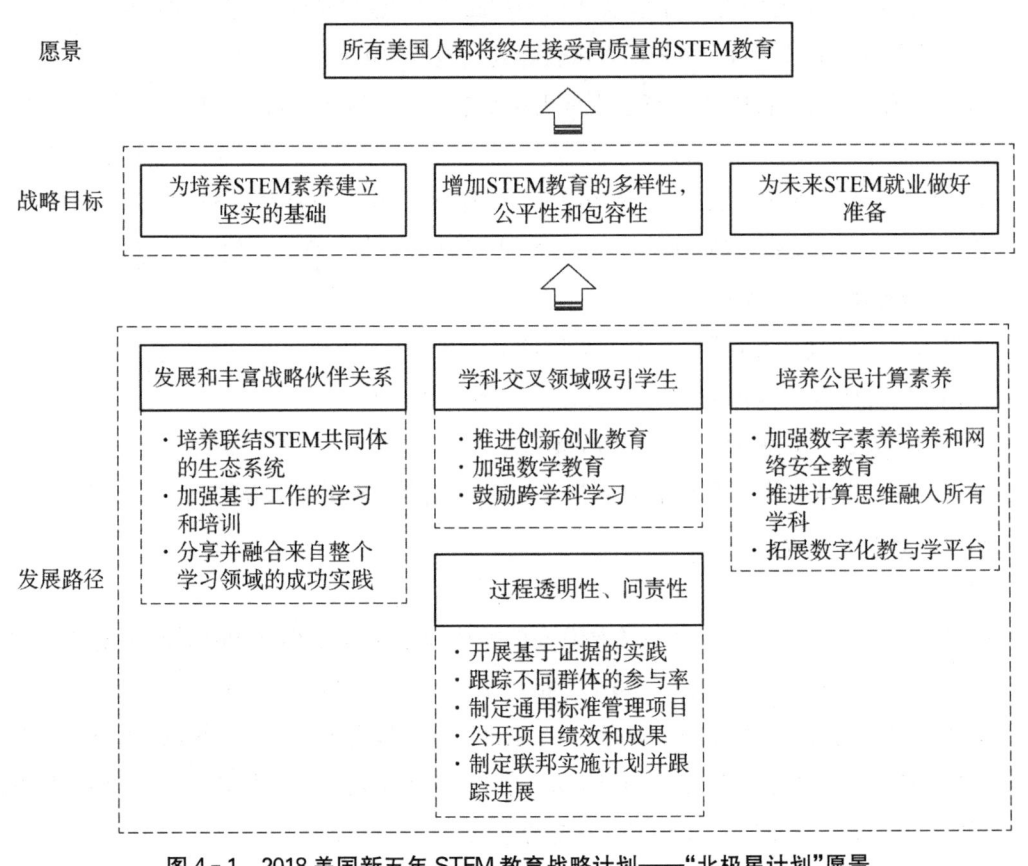

图 4-1 2018 美国新五年 STEM 教育战略计划——"北极星计划"愿景

2. 澳大利亚案例

2015 年 12 月,澳大利亚政府发布《国家创新与科学议程》,明确 STEM 教育对培养国家的一

第四章 国际借鉴 99

流专业人员和未来劳动力的关键作用,并将"提高所有澳大利亚人 STEM 素养"列为 24 项计划之一,并为相关计划拨出资金约 8.4 亿澳元。此后,澳大利亚联邦与各州和地区教育部长签署专门的 STEM 教育国家战略文件《国家 STEM 学校教育战略 2016—2026》①,明确提出了学校 STEM 教育目标。

第一,确保所有学生完成学校教育后拥有较强的 STEM 基础知识和相关技能。今天的学生需要获得符合 21 世纪学习所需的基本能力,如培养学生批判性与创新性思维,培养学生与他人合作的能力,提高学生的沟通能力。STEM 教育对于实现这一点起着关键性的作用。学校有责任确保所有学生在完成学校教育后,拥有基本的 STEM 素养水平,使其能够直接将学校的学习与未来的学习、工作机会联系起来,在校门之外的世界获得成功。这对学校提出了较高的要求,也使人们不由得质疑在学校教育的整个时间周期中,能否完成 STEM 教育的规定课程内容,实现这一目标。

第二,确保激励学生参与更具挑战性的 STEM 学科学习。这一目标的实质就是 STEM 学科的注册率,增加学生学习更具挑战性的 STEM 学科的数量。这就要求 STEM 学科课程的设置,需要对学生和老师来说都是很有吸引力,提供明确的路径来识别和巩固各学科知识领域之间的联系,提高学生将知识和技能从一个知识领域转移到其他领域的能力。学校系统还需要与高等教育、职业教育机构和企业合作,鼓励学生发展更高水平的 STEM 能力,建立继续学习 STEM 以及未来从事 STEM 相关职业的信心。

这一为期十年发展战略提出了具体的国家行动计划,旨在协调和改善 STEM 教育,确保所有学生在 STEM 方面获得强大的基础知识和技能,并鼓励学生参与具有挑战性的 STEM 学科。战略提出了国家行动的五个领域:

① 提高 STEM 领域的教师能力和教学质量;

② 提高学生的 STEM 能力、投入程度、参与度和期望水平;

③ 鼓励学校系统支持 STEM 教育的举措;

④ 促进建立有效的伙伴关系,促进与高等教育、企业和产业的有效合作;

⑤ 建立强大的数据库。

3. 欧洲案例

STEM 相关行业领域的发展被认为是欧洲能够持续创新、经济发展和提高国际竞争力的关键。在世界各经济强国积极开展 STEM 教育的背景下,针对欧洲 STEM 就业市场劳动力需求增长、劳动力供给不足与 STEM 人才短缺等问题,欧洲各国从提高 STEM 教育领域学生保有率和引导学生从学校的学习顺利地过渡到从事 STEM 行业的考虑出发,从 20 世纪 70 年代开始,相继出台了促进 STEM 教育政策以应对 STEM 教育的危机②。

---

① Education Council. National STEM School Education Strategy [R/OL]. (2015). http://www. educationcouncil. edu. au/. pdf.

② 孙维,马永红,朱秀丽. 欧洲 STEM 教育推进政策研究及启示[J]. 中国电化教育,2018(3):131-139.

欧洲各国 STEM 教育的国家政策实施目的包括:提高科学正面的形象;提高学校数学和科学教学质量;提高学生学习 STEM 的兴趣与参与度;提高高等教育 STEM 毕业生劳动力供给;减少 STEM 教育中的性别差异;提高 STEM 毕业生能力与雇主需求间的匹配度等。

泛—欧计划(The Pan-European Project)是欧洲整体推进 STEM 教育的重要举措,所有计划由欧洲共同体制作,各成员国根据国情对 STEM 教育中不同阶段和侧重点进行分析,选择并参与相应的泛—欧计划。泛—欧计划中部分计划的主要内容和设立目的如表 4-4 所示:

表 4-4　泛—欧计划主要内容和目的举例①

计划名称	主要内容和目的
STEM4youth	项目实施时间是 2016.5—2018.10,STEM4youth 项目针对 14—19 岁的中学生,涉及 STEM 的六个关键学科:数学、物理学、天文学、化学、工程学和医学,提供综合性和多学科结合的课程,就每个学科给学生提供 7—9 个与实际生活和生活相关的挑战。在解决问题和挑战的过程中,能够帮助学生根据自己的能力和兴趣做出职业选择,培养学生的能力和使学生理解这些技能对今后的就业的作用。参与国家有波兰、意大利、希腊、西班牙等。
STIMY	STIMY 是 Science, Technology, Innovation, Mathematics, Education for the Youths 的缩写形式,项目实施时间是 2016.9—2019.8,通过教育平台提高 10—18 岁的学生对 STEM 的学习兴趣和引导学生从事 STEM 相关行业。大学、学校、教师、学生、父母、商业界和媒体联合形成一个 STEM 教育的闭合环,使 STEM 教育成为年轻人生活的一部分,并为今后职业选择做准备。STIMY 通过运用无线电广播、社会媒体和企业界合作,未来结合机器人技术,从小学开始设立电子档案袋的形式激发学生的好奇心和对 STEM 学习兴趣。参与国家有西班牙、德国、希腊、芬兰等。
Ingenious	此项目是针对 6—18 岁学生和教师,通过校企结合塑造未来的数学和科学教育,促进 STEM 教育和职业发展。此项目是由欧洲学校网(European Schoolnet)和欧洲实业家圆桌会议(European Roundtable of Industrialists, ERT)合作发起的。Ingenious 通过教育部、商业和大学联合的方式,主要目的是加强学生科学教育和职业选择的联系,在欧洲范围内,来自 20 个成员国的 40 个合作团体,有 1000 个课程参与此项目,旨在研发最好的 STEM 教育实践案例和为 STEM 教育的利益相关者提供政策建议。所以,Ingenious 项目是欧洲最大和参与最广泛的 STEM 教育项目之一。
Scientix	Scientix 是在欧洲范围内,教师、研究者、政策制定者和教育专业人士合作促进 STEM 教育的项目。项目实施的第一阶段是 2009—2012 年,主要工作是以在线的方式收集和呈现 STEM 教育项目和成果,组织教师工作坊。第二阶段是 2013—2015 年实施的,特点是扩大国家间的合作。通过 National Contact Point(NCPS)使合作国家的教师团体参与到 Scientix 项目中,改革和创新科学和数学教育。第三阶段是 2016—2019 年,由 Horizon 2020 项目资助实施 STEM 教育的研究和创新。
DESIRE	DESIRE 是欧洲推广科学教育、创新和研究(Disseminating Educational Science, Innovation and Research in Europe)的首字母缩略词。项目始于 2011 年,由欧洲学校网与西班牙、丹麦和欧洲科学中心和博物馆网联合发起,旨在以发展融合的模式探索如何把优秀的教学案例和项目传播出去。项目邀请科学教师、STEM 专业人士、科学项目策划人和科学活动的组织者讲述亲身经历的 STEM 教育实践以及教育工具和方法。

① 杜文彬. 国外 STEM 教育研究的热点主题与特点探析[J]. 电化教育研究,2018,39(11):120—128.

第五章 对策建议

一、加强顶层设计与支持

从国家层面来看，我国政府出台的相关政策较少，且没有连续性，仅在教育部 2016 年 6 月制定印发的《教育信息化"十三五"规划》中指出：有条件的地区要积极探索信息技术在跨学科学习、创客教育等新的教育模式中的应用。此外，并没有出台支持 STEM 教育全方位发展的专门政策和行动计划，尤其缺乏顶层设计，以及相应的保障和激励机制。

中国提出的教育改革与发展规划的战略目标是到 2020 年进入人力资源强国行列，现有的人才政策偏重引进国外成熟型人才，弱化本土培养，对在华留学生的管理也与人才战略脱节，这些都不利于人才储备与竞争。因此要统一学生培养模式与人才战略，加快政策法规向法律法规的转变，为我国实施人才强国战略规划提供制度保障。

美国政府注重创新创业体系的顶层设计，先后出台了多项相关的政策与法律，支持创新创业，包括"美国创新战略""创业美国"等计划以及扶持小企业发展的系列法律。此外，通过政府立法推进 STEM 教育，引入具有吸引力的留学政策和调整移民法案等措施，将培养本土科技创新人才与留用国际一流人才有机结合，从而引导和保障人才战略顺利实施，实现教育和人才管理的科学化、民主化和制度化。从政策静态上来说，美国 STEM 教育政策内容呈现系统性特征。美国 STEM 教育政策包括教师教育政策、教育质量政策、教育经费政策、教育管理政策和教育法规政策等多方面的政策内容，由此形成了一个结构相对独立的政策体系。从政策实施动态上来说，美国政府十分重视各组织机构之间在一个整体的系统中联系与合作。美国 STEM 教育政策是由教育部、国家科学基金会、国会、学校、咨询机构和协会及联盟等社会多方共同合作制定和实施的，以推动教育政策的实施开展和有效落实。同时联邦政府确定了两个重要战略，其中一个为合作协调战略，该战略鼓励实行跨机构合作，并建立和健全评价机制，监督社会各系统 STEM 教育活动的开展。

澳大利亚政府对 STEM 教育的重视程度不比美国、英国等逊色。2001 年，澳大利亚教育部制定了一个为期五年的促进科学创新能力的计划——提高澳大利亚人的能力（BBA）。2004 年澳大利亚教育部又推出"创新、科学、技术、数学教学推进计划"（BISTMT），其主要目标包括鼓励澳大利亚学校的创新意识,促进中小学科学、技术和数学的教学活动;发展世界水平的教学能力,提高学生科学、技术、数学学习的效果;吸引更多在科学、技术和数学方面造诣较高的新教师,并提高这些教师的保持率等。2012年澳大利亚政府启动一项名为"守护澳大利亚的未来"(SAF)项目,提供1000万澳元进行系列战略课题研究。课题最初设定了6个,"STEM教育:国际比较"是其中之一,该课题的最终研究报告于2013年6月4日由澳大利亚学术研究院委员会(ACOLA)正式发布。该报告基于22个国家和地区的研究基础,得出了24个关键性发现,并指出了澳大利亚在STEM教育上面临的挑战。2015年12月7日,澳大利亚政府发布"国家创新与科学议程"(NISA),提出24项计划,其中之一便是"提高所有澳大利亚人数字素养与STEM素养"。在2015年12月11日,澳大利亚联邦及各州和地区教育部长签署了《STEM学校教育国家战略2016—2026》,提出五个国家行动领域,包括提高学生和教师STEM能力、支持学校STEM教育机会、促进与高校和企业的合作、建立数据库与证据库等①。

欧洲国家设立专门管理机构、多部门合作等形式支持STEM教育的管理,以提高全民的"科学资本"。德国将专业技术人才的创造力视为解决当前科技发展中遇到的问题、迎接未来挑战的核心,因此中小学阶段的MINT教育更关注学生在MINT职业上的兴趣和发展。德国希望将MINT教育与终身教育结合起来,创造一种可持续发展的MINT教育,因此促进MINT教育链的发展成为其教育目标之一②。德国教育通过对儿童和青少年进行MINT的兴趣吸引和机制激励,让他们不断沿着MINT教育链获得发展。德国在多个政府报告中提及MINT教育及相关领域,意图借助政府的支持推动MINT的实施③。

随着社会对人才需求的不断提高,以培养创新型复合人才为目标的STEM教育正逐步在全球普及推广,中国的教育部也在2015年发布的《关于"十三五"期间全面深入推进教育信息化工作的指导意见(征求意见稿)》中明确提到"有效利用信息技术推进'众创空间'建设,探索STEAM教育、创客教育等新教育模式,使学习者具有较强的信息意识与创新意识",其中的"STEAM教育"就是STEM教育扩展版——在STEM中加入A(Art艺术)。

二、 社会力量积极参与

目前我国在推进STEM教育时基本是各自为战,尽管也形成了一些专业机构和学校联盟,但

---

① 各国的STEM教育发展和现状[EB/OL].(2019-01-15). https://mp.weixin.qq.com/s? src=11&timestamp=1588522124&ver=2316&signature=rTWgJ ** H2icREXRmdw8uqHnSWwv1-UIuIKOq4ZJ9y6ZaeklKgfwOBqiisnWQZodH * 3Zo6ZycsnZrHkY2OJPhABnUISQHnf1BT9Jb7OPPFy57OHyCcEEk9hVZzgAwT2Nl&new=1.

② 国际|解读德国MINT教育[EB/OL].(2020-03-22). https://mp.weixin.qq.com/s? src=11&timestamp=1588522532&ver=2316&signature=HsmEk-55nCGDnpWA9atSk7SG45ST-coFlnys4u * J9pXUJ1 * F2k8akBo8Wmv-cOUipX7yI5lrxbRuZWJL1-LCEvJ * NHDLhtvnruE3OLULRv5XXxYPTa3VtemTk3uKvwAa=&new=1.

③ STEM教育在各国的发展情况[EB/OL].(2018-08-01). https://www.meipian.cn/1hrsjwi0.

都是民间的松散机构，没有形成合力，导致力量分散，缺乏力度，质量也参差不齐，这对普及STEM教育带来了一定的阻碍。

国内仅有少数中小学教师通过校园创客空间或个人工作坊开展STEM教育，不能满足更多学生的需求。我国可以借鉴美国经验，设计更多STEM教育实验室，开展相关夏令营活动，建设相应的成果展示机构。

但是我们不能直接复制美国的经验，这是因为美国的STEM教育鲜明的发展轨迹与特征，与美国所处的国际局势、国情、国内的教育制度密切相关。因此要促成STEM教育的本土化，使其具有国家特色，要立足我国的国情，配合我国教育事业发展，走有中国特色的STEM教育道路。我国可以构建包括教师、专家、学生、家长、社区、企业、教育部门、社会机构、高校和地方政府在内的STEM区域生态环境，一同支持STEM教学与活动。例如，美国地方政府对本地区STEM教学积极投资，以吸引第三方组织提供课程资源和高校积极参与实践。

在多方合力推动中小学创新教育实施的过程中，需要明确各方的责任与义务：

首先，地方政府需要为本地区STEM教学提供政策保障，制定规划与行动方案，培训中小学STEM师资、支持中小学STEM教学示范学校建设，并将STEM教学纳入地方教育评估体系，实施动态监测。其次，学校承担创新教育的主体责任。中小学需要主动创建优质高效的STEM课程资源、创新STEM教学方法以及教学活动，鼓励学生进行深层次探究，提高所有学生在STEM教学中的参与度，与其他学校合作并相互学习。第三，企业可以为学生提供相应的实践岗位，让学生参与STEM实践活动、体验专业的STEM工作环境、聆听STEM专业人员的经验分享等，从而使学生认识STEM教学的重要价值，提高其学习STEM的动力。第四，高校能够帮助中小学校设计开发STEM课程，高校教师以及研究生可以教授相关课程，并为中小学生提供到高校实验室参观学习的机会。最后，一些社会组织机构，如科技馆、博物馆、图书馆、青少年宫等公益机构，可以通过设立项目的方式参与STEM教学，为学生的想法和实践提供现实的支持平台。

欧洲国家则是通过建立STEM学习中心和非正式的组织，以培养学生对科学的兴趣，以及利用高等教育反哺中小学教育。如德国巴斯夫公司（全世界最大的化工企业）在莱茵河—内卡河大都市圈承担了一系列MINT教育项目，其主要目标是支持当地教育并提高中小学学生对自然科学的兴趣，进而增强当地的吸引力和竞争力。在巴斯夫公司总部，每年有超过18 000名德国中小学学生参与到"巴斯夫公司学生实验室"的学习、研究和实验中。这些项目激励着中小学生从事科学和技术的研究，主要包括巴斯夫幼儿教育（BASF's Early Childhood Education）和巴斯夫少年儿童实验室（BASF Kid's and Teen's Labs）。该项目的成功导致全球35个国家出现了类似的"儿童实验室"（Kid's Labs）。

澳大利亚的STEM教育推进不仅仅是教育部门的事情，还有一些其他的社会机构与组织也积极参与其中。例如，"国家创新与科学议程"中的"提高所有澳大利亚人数字素养与STEM素养"计划的其中一部分项目就是由澳大利亚工业、创新和科学部（Department of Industry,

Innovation and Science)来负责实施的,包括"国家科学周""总理科学奖""创客项目"等。澳大利亚技术科学与工程院(ATSE)推出的"STEM行业指导网络"项目(IMNIS),为学员提供真实世界的经验、实用的建议和广泛的专业网络,提高他们与行业的互动能力,理解与创新研究相关的商业化和监管过程,该项目还获得澳大利亚2016年度"BHERT(企业高等教育圆桌会议,成立于1990年)最佳高等教育与培训合作奖"。澳大利亚科学院(AAS)自2007年开始实施"科学做中学"(Science by Doing)在线综合项目,为7—10年级的师生提供澳大利亚科学课程教学的实践途径。

在美国STEM教育推进过程中,除政府外,企业界、学界、社区及家庭等相关利益群体的共同参与是一大亮点。目前,美国已形成技术、人才、社区、家庭、企业协同建设的生态系统,而我国还处于技术媒体、工具应用水平阶段,生态体系建设缺位。例如,美国的W. R. Coile中学设计了"未来农民项目",教师和企业家教授学生培育农作物的技能,通过培育、生产和销售农作物获得收益,培育学生的创业意识。近年来,美国出现了一批以考夫曼基金会为代表的致力于支持创新创业教育发展的非政府组织,通过资助创业教育、推广创业教育理念来推动美国创新创业教育的发展。

三、 重构课程体系

目前我国STEM教育没有形成完整的系统性方案,各学段内容和目标不衔接。在小学科学教育中有STEM的内容,但是到了中学就没有相应的延续课程,完全由学校自行开课。由于对STEM的理解不同,STEM教育的实施内容也是五花八门,不成系统。这种割裂的状态不利于人才的系统性培养和叠加效果的产生。同时也导致中国各学段的学校教育在科技素养和创新能力培养方面的连贯性欠佳。

然而,创新能力是每个人应对未来变化不可缺少的能力,不应成为高等教育的专属,而应在各学段均注重培养,转化为STEM教育的课程内容。根据学习者在不同的年龄段的学习风格的特点,将创新能力和科学素养逐步嵌入在各阶段的STEM教育培养中,积极锻炼的学生综合能力。

在设计不同学段的STEM课程时应立足课程标准,结合当地教育资源、师资力量和人文环境等资源,保证学生能够获得系统的STEM教育。

美国的STEM教育发展至今已经形成了一体化全覆盖的STEM教育体系,覆盖了从幼儿园到研究生教育几乎所有的学龄段,并在中小学阶段成立了遍布全美的以STEM为核心的学校。主要有三类:STEM精英学校(Selective STEM Schools)、STEM全纳学校(Inclusive STEM Schools)及STEM职业技术教育学校(Schools with STEM-focused Career and Technical Education)。这些学校共同的特征是:注重STEM学科;面向特定群体招生(STEM资优生或弱势群体);能提供严格的STEM课程、充足的STEM教学时间、丰富的STEM教育资源以及优秀

第五章 对策建议 105

的 STEM 教师等。目前全美大约有 90 所 STEM 精英高中，这一数字还在不断增多。

德国巴斯夫幼儿教育始于 2005 年，它以幼儿的全面发展为目的。巴斯夫少年儿童实验室旨在给中小学学生提供实验机会。小学一年级至四年级学生能在这使用化学设备探索生活中观察到的科学现象；小学五六年级学生则通过实验学会如何把小点子变成新产品；13 到 19 岁的少年们可以通过一些项目习得化学和生物技术，把课堂中学到的知识运用起来。这些项目包括营养、化妆品、能量、塑料和催化等等。这项活动不仅面向德国，而且欢迎全世界的儿童前往参与。

澳大利亚的基础教育课程体系分为两个阶段：幼儿园到 10 年级和 11、12 年级。第一阶段主要是学习国家课程大纲规定的基础课程；第二阶段，各州会根据实际情况调整课程大纲来满足不同的需求。幼儿 STEM 课程领域的核心目标是激发与培养孩子对相关学科的兴趣，并尽早开发儿童数学思维能力，为以后的 STEM 学习奠定基础[①]。澳大利亚 10 年级之前的 STEM 课程均是必修课，而在 10 年级以后（高中阶段）则是选修课，学生会根据爱好和未来发展需求选择要修的科目，导致 STEM 课程参与度逐年降低[②]。

中国《国家中长期教育改革和发展规划纲要（2010—2020 年）》指出，学前教育的目标是保障幼儿快乐健康成长，义务教育着重品行培养，激发学习兴趣，培养健康体魄，养成良好习惯，高中阶段教育旨在培养学生自主学习、自立自强和适应社会能力，职业教育着力培养学生的职业道德，职业技能和就业创业能力，高等教育重在培养高素质专门人才和选拔创新人才。可见，中国各学段的学校教育在科技素养和创新能力培养方面的连贯性欠佳。然而，创新能力是每个人应对未来变化不可缺少的能力，不应称为高等教育的专属，而应在各学段均注重培养，转化为 STEM 教育的课程内容。

四、师资队伍建设

由于分科教学模式盛行已久，STEM 学科界限鲜明，仅由校内的科学、信息技术等学科教师兼任。为促进 STEM 教育更好的发展，目前国内对于 STEM 师资培训有两种观点：一种认为目前我国的信息技术教师完全可以担任这个角色，对信息技术教师进行培训就可以将其作为 STEM 教育的师资资源，提高培养效率，节省培养成本；另一种认为需要培养专门的 STEM 人才，用以支持 STEM 教育。

目前高校中还没有 STEM 课程，综合的 STEM 教师暂时无法在我国实现，由此，需要一线教师担当此任，此类教师不仅要有教育实践能力，还要有较为全面的学科知识，更重要的是要有足够的热情和创造力去深入理解 STEM 教育，适应新的教学形式。但是，STEM 教育主张的多学科

---

① 韦倩倩. 澳大利亚幼儿 STEM 教育实施及其特点[J]. 教育评论，2019(06)：158 - 163.
② 张宁. 澳大利亚中小学 STEM 课程概况[J]. 中小学信息技术教育，2013(10)：45 - 48.

融合教育理念不同于传统教学主流,需要教师在短期内迅速转变观念、完成课程研发并实施较为困难。现阶段中小学创新课程教师数量不足,有计划、有组织且有成效的教师培训活动也不够。对于当前 STEM 师资短缺的情况,我国可以采用"专职教师培训、师范院校加强培养、社会力量培养"的多元化培养模式来加强师资队伍建设。

(1)鼓励毕业于 STEM 领域的学生进入教师岗位

加大优惠政策与补助措施,吸引对应专业的毕业生就业。同时学校要营造良好的教学条件与配套设置,让教师在工作中获得快乐与成就感。

(2)加强师范院校对 STEM 教师的培养,强化在职教师培训

帮助原有数、理、化等领域的教师理解 STEM 教育的基本理念和实施要求,促进教师在实践中探索和深化 STEM 教育。引导教师根据 STEM 教育的本质特点,按照学生发展规律,采取项目式学习等方式,促进教师积极参与 STEM 相关项目,在具体工作中学习理论和提高能力,更好地为实施 STEM 教育服务。

(3)支持社会力量培养 STEM 教师

我国政府在培养 STEM 教师方面要给予各方力量充分的自主权,吸引社会力量参与培养 STEM 教师,集聚 STEM 教育专业人士共同开展相关研究,对 STEM 教师进行多角度、深层次的培训,共同培养 STEM 教师。可以从以下几个方面入手:中小学与高校的相互支持关系,将有利于提供教学实践机会,同时有利于加强实践与理论的交流;与相关企业的合作支持关系,有益于教师及时更新本学科的专业知识、拓宽视角,也有利于争取更多资源支持教师培养;与相关领域权威的专家或专业人才的合作关系,专家与教师合作教学,提供更易激发兴趣的场景和设施,也能提升教师对于学科的身份认同;与政府的合作关系,能够争取政府对于教师培养的最大支持。

美国 STEM 教师也面临 STEM 教师数量短缺、流失的困境,因此美国政府积极研究、制定政策并推进配套措施,通过资助等方式鼓励社会各层面共同参与教师培养实践,进而衍生出了许多有益经验[①]。

(1)持续支持 STEM 教师培养

美国政府以及各州不断扶持 STEM 教师发展计划,主要通过政策支持和资助引导两种方式。先后出台了《s.463:有效的 STEM 教学法案》、《s.619:STEM 教师的教育与指导支持法案》、《s.758:STEM 优秀教师队伍建设法案》、《s.1055:全美 STEM 教师税收激励法案》等法案,将 STEM 教师培养上升到了立法的高度。这为 STEM 教师培养的顺利开展提供了法律支持。

同时政府加大对于 STEM 教师培养的经费投入,将职前或在职教师/教育领导者作为经费投入的重要对象。这些经费中,部分投入用于支持 STEM 教师的职前教育,为准教师提供奖学金和相关教育经费等;更大部分用于支持 STEM 教师在职教育,提供各类课程及服务,用于 STEM 名

---

① 王新燕,陈晨.美国 STEM 教师培养的主要经验及其启示[J].上海教育科研,2017(4):80-83.

师团队计划;还有一部分则通过竞争性奖金、学费补贴等举措用于增加 STEM 教师薪酬。美国政府对 STEM 教育的投入比较稳定,这为 STEM 教师培养的顺利开展提供了物质保障。

(2) 实施选择性教师资格认证制度

美国 STEM 师资短缺的现实危机迫切需要找到有效的解决方法和途径。传统 STEM 教师的选择、认证和留用都仅限于师范类或者教育专业的毕业生,教师选择来源单一、数量有限,难以满足需求。

有鉴于此,美国各州教育行政部门的决策者们开始放宽门路,为吸引更多优秀教师,选择性教师资格证书制度应运而生。研究表明选择性资格认证机构的准教师们的满意度更高,他们在实施教学计划和学习标准单元中更有自信,在应对高阶学习者的能力方面也更有自信,而传统师范毕业生在教学方面并未强于通过选择性资格认证机制选出的教师。因此,选择性资格认证制度很好地拓宽了教师(包括 STEM 教师)的来源,可以在一定程度上缓解 STEM 教师短缺的困境。

美国各州都有各自的教师资格认证标准,这导致了不同地区和州之间教师交流和流动的不顺畅。随着选择性教师培养路径的发展,"美国优质教师证书委员会"(American Board for Certification of Teacher Excellence,简称 ABCTE)得以成立,它设计了"教学证书通行证"和"熟练教师证书",这是选择性教师认证制度的新发展,满足了对于认证制度灵活性、通用性、针对性的要求。

(3) 实施基于市场的多元化培训

STEM 教师数量的缺口如此之大,任何一个政府或单一机构都不可能独立完成。因此,政府及相关组织支持引导多元化机构对 STEM 教师进行培训,给予充分的自主权,并通过问责制保障培训质量;许多有志从事相关研究的专业人士及机构则充分利用政府经费创建项目,对 STEM 教师进行多角度、多层面的培训,同时推进 STEM 教育的理论和实践探索。通过这种市场调节和激励机制,近几年来,美国涌现了大量针对 STEM 教师的多元化的培训项目,呈现出了百花齐放的状态。

德国由于教师老龄化严重、获取教师资格证周期长、MINT 师范生辍学率高等原因导致 MINT 教师资源短缺,因此其采取多种应急措施应对教师资源短缺的问题。德国电信基金会曾在 2011 年斥资 450 万欧元,以促进高等师范教育机构 MINT 学科教师培养。同时关注在岗教师的健康问题,通过出台相关方案帮助教师减压。

澳大利亚没有专门负责培养 STEM 教师的师范院校,专业对口的教师也匮乏,因此校长们安排非学科背景的教师来开展 STEM 课程,应对 STEM 教师缺乏的问题。

我国由于长期执行分科教学模式,一般没有专职 STEM 教师实现教学任务,同时由于 STEM 学科界限鲜明,单一的普通学科教师无法胜任相关教学任务,因此一般是较为综合的学科教师兼任,如校内的科学、信息技术等学科的教师。

五、 研制课程标准

从全国来看,即使是在教育发展火热的北上广深地区,教育主管部门及教师对 STEM 教育的内涵、特征、课程与教学等方面的理解深度、广度也不够。我国 STEM 教育目前正处于初步发展阶段,大多数教师只知道 STEM 的含义,却不知道如何整合课程,因此出现了以下三种类型的"STEM 课程":第一种是从国外购买,照搬和翻译国外学校 STEM 教育的课程资源和设置体系;第二种是由本校的信息技术教师按照自己的经验直接开发,这种形式是国内较为常见的形式,绝大多数是依托 Scratch 创意编程、Arduino 创意电子等进行开发;第三种是公司为了销售硬件的需要而开设配套的 STEM 课程,或者公司委托高校来开发相关设备销售的配套教材,用于社会的培训。

另外,中小学 STEM 教育与我国传统的分科设置的课程体系相矛盾,教师需要考虑如何促进各科的融合、帮助学生运用多学科的知识解决问题。STEM 课程目前多存在于一些关注度较低的学科,比如信息技术等,这有悖于 STEM 教育提倡的多学科融合教育,需要打破这种学科局限性。

课程标准作为教育者从事教育工作的"指挥棒",是教师明确课程性质、课程目标及实施建议的参考性文本,是教师进行理念转变的指导性文件。若无课程标准的设定,教师无法真正理解 STEM 教育,则无法保证教学质量和水平,各学校冠以"STEM 教育"的头衔就无法真正达到培养人的目标。因此制定课程标准是当前丰富 STEM 教育理论,指挥 STEM 教育发展刻不容缓的任务。

美国 STEM 教育的教育目标是通过制定具体的课程标准实现的。由于科学与数学的课程标准制定较早,所以其课程标准相较于技术与工程课程而言更加系统。因此,改善对工程教育重视不足的现状也成为美国 STEM 教育改革中的重点。从全美范围来看,STEM 课程仍然广泛以分科授课的形式出现,课程标准也具体到每个学科,这里以数学学科为例,美国数学教师委员会(NCTM)就先后公布了《美国学校数学课程与评价标准》、《数学教学的职业标准》、《学校数学的评估标准》以及《学校数学的原则与标准》(简称为《2000 年标准》)。因此,美国 STEM 教育在教育目标上除了有宏观上的统筹,更有具体到各科的教育目标的细化,这样一个细化目标的思路是可供我国中小学创客教育发展借鉴的。

六、 重视课程实践特点

当前国内在重视课程实践特点上,主要存在以下认知偏差:

(1)重视技能培养,轻视知识学习

STEM 教育的本质是让学生通过亲自参与,获取对知识的深层次理解,不是弱化知识,而是用更生动、更深入、更灵活的方式强化对知识的学习、理解和应用,不是仅仅为了学会某项具体的技能而学习。目前的 STEM 教育非常重视对操作技能的培养,对实践活动所涉及的各学科知识的概念和科学原理并没有进行深入的分析探究。STEM 教育培养的学生创新能力与扎实的学校课堂知识是相辅相成、互相促进的,不是一种对立关系。

(2) 重视实践的活动形式,轻视科学精神的培养

STEM 教育强调把真实世界与书本知识联系起来,通过项目式学习进行实践验证,培养学生的创新精神和实践能力,形成以主动、探索、体验、创作为特征的新型学习方式。

目前在开展 STEM 教育时,过于重视外在的活动形式,刻意营造活跃的课堂气氛,唯独忽视探究活动的科学性与严谨性,导致学习活动华而不实、流于形式。

(3) 重视学习结果,轻视学习过程

当前 STEM 教育中对作品制作成功的追求,使得教师倾向于直接教授解决问题的具体方法,而不是关注和支持学生的问题解决过程,使得学生熟练掌握了特定领域的技术操作,能够有效应对常规问题,却不知道为什么要这样操作,为什么用这种方法来解决问题,更不知道其背后的科学原理。"知其然不知其所以然"成为当前 STEM 教育中的不正常现象。

美国的 STEM 课程主要以学生自我探索为主,一般材料清单就不必呈现,当在案例中涉及到实验等操作性情况时,一般旁边会附上安全须知。教学媒体的使用也比较常见,如课件、PPT 的使用,视频录像的观看等等。学习单是学习自主学习的依据,也帮助教师得到学习反馈。澳大利亚的 STEM 课程大部分还是分开教学,技术和工程课程与数学和科学课程相比较更为多元化和个性化。在中小学阶段,学生是在综合性较强的活动或任务中体现工程思想,完成科学技术基本概念原理和方法的积累[1]。在美国,STEM 教育关注学生解决真实情景中的现实问题。项目和问题学习强调问题的真实性和情境性,由于实际问题一般都是综合性的,对于跨学科知识的运用会产生巨大的作用,且更贴近生活。

因此,我国中小学 STEM 教育活动要强调在真实的环境下解决现实存在的问题,培养学生的能动性与问题解决能力,教师应多启发学生敢于面对现实世界的问题。

七、 完善课程评价体系

由于 STEM 教育与传统教学的教学模式、教学环境有一定的区别,所以在教学评价环节也不能采用固有的传统教学评价模式,需要有与其相契合的评价体系。但是目前的 STEM 评价大多针对独立的 STEM 课程与项目,或者通过特定的科学探究平台对学生进行评估,缺乏统一标准,而且多数学者将对教学效果的总结性评价作为 STEM 教育成果的评价,缺乏对科学探究过程的

---

[1] 张宁. 澳大利亚中小学 STEM 课程概况[J]. 中小学信息技术教育,2013(10):45-48.

评价。在评价内容上,我国较少关注学生对学科知识的深度理解、科学性解释及迁移运用,对学生科学意识、技术运用的关注更少。

我国的评价模式可以以具体项目、不同年龄段学生的差别性、独特性为基础,逐层细化其评价内容,建立客观、真实、有时效性的评价内容。具体来说,评价体系要对活动的项目主题、方案、资料、师资、过程等方面有一定的指标,活动结果可以通过内容是否有意义、结构是否合理、效果是否明显、学生的参与度以及观点是否含有科学技术创新等方面来考量。在学生的参与发展方面,要在课程进行中对于学生的参与度、主动性、融合性、团队配合、科学素养、知识技能提高等方面有一定的评价标准。在课程结束后要对学生进行一定的评估,通过学生的作品、学生的实验结果、学生的意识(科学创新的意识、保护环境的意识、团队合作的意识、安全意识等)、学生的态度(课程对其的吸引程度以及会不会继续进行课程的跟进)等方面有一定的评价标准。

美国 STEM 教育项目的评价以第三方机构为评价主体,以项目实施材料、项目工作人员调查数据、学习者反馈数据等为评价对象,采取定量与定性相结合的方法,以总结性评价为主要的评价形式,制定相应的评价指标,在评价过程中着眼于个体发展,最后对评价进行监督、反馈,促使 STEM 教育项目不断改进、完善,由此形成了一个评价机制闭环,有效保障了 STEM 教育项目评价流程的完整性[①]。而我国 STEM 教育课程评价缺失,亟待借鉴美国、日本、英国等国家开展 STEM 教育的经验,为构建我国 STEM 教育项目评价机制、促进我国 STEM 教育发展提供参考。

八、 建设 STEM 教育资源平台

在 STEM 教学方面,国内的教师尚处于模仿阶段,且迫于学校的课时安排,极少能够抽出超过两节课的时间完成一堂完整的 STEM 课。目前有陈如平、李佩宁编写的《美国 STEM 课例设计》一书,其中包含美国中小学课堂中的 50 个课例,可以供国内的教师学习研究。但仅有此类课例是不够的,真正适合我国的教学设计应该是符合我国学生发展核心素养的,做到立德树人,实践、探索真正符合我国发展的教学案例。

在教材方面,目前的教材设计基本上是操作步骤的组成,缺少最核心的系统性学科核心素养设计。把学科核心素养的培育渗透到学生作品的设计与制作过程中,形成潜移默化的效果,这才是 STEM 的精髓。然而,目前这一环节严重缺失。因此需要在各校自主建立 STEM 教育校本课程的基础上,实现开发案例、教学心得等的资源共享。同时结合当地教育资源优势和师资力量,共同研讨适合该地区的 STEM 教育方式和课程案例。

2016 年,由澳大利亚政府首席科学家办公室支持,澳大利亚工业集团编辑完成了《STEM 项

[①] 王楠,唐倩,张芮,张亦驰. 美国 STEM 教育项目评价机制分析及其启示——基于美国典型 STEM 教育项目的案例分析[J]. 现代教育技术,2019,29(9):108-114.

目索引 2016》手册,介绍了覆盖澳大利亚全境的 250 余个 STEM 项目,这些项目都是正在澳大利亚实施的项目,既有国家级的,也有州级以及国际交换的,供澳大利亚的中小学学校参考。由于手册更新不是很及时,因此后来在与澳大利亚教育部协商后,澳大利亚政府首席科学家办公室、澳大利亚工程师协会(EA)、澳大利亚电信公司(Telstra)、澳大利亚数学科学研究所(AMSI)、必和必拓(BHP Billiton)和联邦银行等合作开发了 STEM 项目索引网站(STARportal),目前该网站已经汇集了 518 个 STEM 项目活动,这些活动按学科领域、覆盖区域、类型、适用年龄等进行了分类,每一个活动的展示页除了这些基本的信息外,还包括基本介绍与费用问题。此外,澳大利亚一些机构还建立了在线的 STEM 资源或在线项目,如阿德莱德大学建立了"数字技术慕课"(DTMOOC),免费提供给教师。澳大利亚科学院的"科学做中学"项目也是一个在线课程资源项目,免费提供给澳大利亚教师和 7—10 岁的学生,包括课程单元、专业学习模块等。还有由澳大利亚政府教育与培训部资助,澳大利亚科学院管理并与澳大利亚教师协会合作的"reSolve:探究学习数学"项目,提供一些在线资源包括课堂资源、特殊主题资源、专业学习模块等①。

STEM 教育首先是由美国提出,现在也是在该领域发展的标杆,我国和美国在 STEM 教育中存在较大的差距,具体的差异性如表 5-1 所示。

表 5-1 中美课程案例比较

比较维度	中国	美国
课程标准	我国还没有 STEM 课程标准	严格按照课程标准教学
课程学科	科学(S)、技术(T)、工程(E)、数学(M)领域	科学、技术、工程、数学及人文、社会科学领域等
课时	1.5 小时左右,或者两课时,很少有拓展到一周,一个月甚至更长	持续时间长,不低于 3 个 90 分钟的课时
活动类型	教师主讲、学生听讲较多,学生观察、探究、动手实验也占一部分	学生自主观察、进行课外探究活动、分析数据、动手实验、实践、探究推理、角色扮演等
活动场地	学校、实验室	学校、实验室、场馆(科技馆、博物馆)
提问方式	教师直接提问	教师直接提问、启发性提问、引导性提问、根据 HRASE 提问结构进行提问
教学策略	替代式教学策略(教师引导)	产生式教学策略(自主学习)
教学目标	三维目标(知识与技能、过程与方法、情感态度与价值观)	多维目标(知识、理解、应用、分析、综合、评价)

---

① 各国的 STEM 教育发展和现状[EB/OL]. (2019-01-15). https://mp. weixin. qq. com/s? src=11&timestamp=1588522124&ver=2316&signature=rTWgJ＊＊H2icREXRmdw8uqHnSWwv1-UIuIKOq4ZJ9y6ZaeklKgfwOBqjisnWQZodH＊3Zo6ZycsnZrHkY2OJPhABnUISQHnf1BT9Jb7OPPFy57OHyCcEEk9hVZzgAwT2Nl&new=1.

（续表）

比较维度	中国	美国
教学方法	教师引导学生学习、项目式学习	项目式学习、体验式学习、培养设计思维
学习资源	较少	丰富
学习单	教育机构会设计学习单	基本每个STEM课程都有学习单
学习工具	较少	丰富
科学学习流程	不完善	基本上有统一的流程
信息工具	较少使用	较多使用（DV、DC）
校外资源	较少使用	会利用科技馆、博物馆等场馆资源,借助政府的帮助
教学媒体	教科书、PPT	PPT、视频、网络资源
课程评价	评价部分做的不够完善	有完善的评价体系

九、 加强职业教育渗透

近年来,我国少数学校出现了职业体验日活动,一些地区还成立了职业体验中心,为中小学学生提供诸如医生、教师、警察等职业的体验。这无疑是巨大的进步,但这类体验往往流于形式,学生只大致体会到该职业做什么,并不了解该职业领域面对的问题是什么,如何解决。反观德国的 STEM 教育无论从培养目标还是实施方式上都有明显的职业倾向,学生通过参与实验项目、到企业实际体验学习、与专家合作解决问题等方式,体验解决某些职业领域的具体问题,从而对该职业有更深入地了解,以此来培养职业技能、动机和兴趣。

高质量的 STEM 劳动力不仅需要扎实的专业基础,还需要对职业持久的热爱及投入创造的精神,这些都需要从小培养。而我国除了中职以外很少在中小学渗透职业教育,学生往往到高考报志愿的时候都对所填专业一无所知,职业选择动机更多来自外部的功利因素。在中小学阶段渗透职业教育迫在眉睫。

因此可以将职业教育和 STEM 教育融合在一起,帮助学生树立远大的职业理想,了解未来职业发展技能需求和发展趋势,为其人生规划和职业发展指明方向。

参考文献

［1］华国栋.推进创新教育，培养创新人才［J］.教育研究，2007(9)：16－21.

［2］朱永新，杨树兵.创新教育论纲［J］.教育研究，1999(8)：9－15.

［3］徐辉.创新教育的理论及其哲学、人类学基础［J］.教育研究，2001(1)：10－14,34.

［4］杨现民，李冀红.创客教育的价值潜能及其争议［J］.现代远程教育研究，2015(2)：23－34.

［5］何克抗.论创客教育与创新教育［J］.教育研究，2016,37(4)：12－24,40.

［6］吴明芳.国内创客教育研究综述［J］.中国成人教育，2017(23)：48－51.

［7］祝智庭，孙妍妍.创客教育：信息技术使能的创新教育实践场［J］.中国电化教育，2015(1)：14－21.

［8］张茜，华金科，谭慧.高职院校开展创客教育的意义、现状与实施路径［J］.教育与职业，2018(18)：74－76.

［9］郑燕林，李卢一.技术支持的基于创造的学习——美国中小学创客教育的内涵、特征与实施路径［J］.开放教育研究，2014,20(6)：42－49.

［10］杨刚.创客教育：我国创新教育发展的新路径［J］.中国电化教育，2016(3)：8－13,20.

［11］杨晓哲，任友群.数字化时代的 STEM 教育与创客教育［J］.开放教育研究，2015,21(5)：35－40.

［12］Morrison J. Attributes of STEM education：The student，the school，the classroom［J］. TIES (Teaching Institute for Excellence in STEM)，2006,20.

［13］余胜泉，胡翔.STEM 教育理念与跨学科整合模式［J］.开放教育研究，2015,21(4)：13－22.

［14］Yakman G，Lee H. Exploring the exemplary STEAM education in the US as a practical educational framework for Korea［J］. Journal of the korean Association for Science Education，2012,32(6)：1072－1086.

［15］Sousa D A，Pilecki T. From STEM to STEAM：Using brain-compatible strategies to integrate the arts［M］. Corwin Press，2013.

［16］李王伟，徐晓东.作为一种学习方式存在的 STEAM 教育：路径何为［J］.电化教育研究，2018,39(9)：28－36.

［17］钟柏昌.创客教育的内涵式发展：微创新与跨学科是怎样"炼"成的［N］.中国教育报，2018－9－29(3).

［18］王新燕,陈晨.美国 STEM 教师培养的主要经验及其启示［J］.上海教育科研,2017(4)：80－83.

［19］中华人民共和国教育部.教育部关于印发《中小学综合实践活动课程指导纲要》的通知［EB/OL］.（2017－09－15）. http://www. moe. gov. cn/srcsite/A26/s8001/201710/t20171017_316616. html.

［20］中华人民共和国教育部.教育部办公厅关于"智慧教育示范区"建设项目推荐遴选工作的通知［EB/OL］.（2019－01－03）. http://www. moe. gov. cn/srcsite/A16/s3342/201901/t20190110_366518. html.

［21］中华人民共和国教育部.教育部办公厅关于印发《2019 年教育信息化和网络安全工作要点》的通知［EB/OL］.（2019－02－27）. http://www. moe. gov. cn/srcsite/A16/s3342/201903/t20190312_373147. html.

［22］中华人民共和国教育部.教育部办公厅关于推荐遴选"基于教学改革、融合信息技术的新型教与学模式"实验区的通知［EB/OL］.（2019－10－25）. http://www. moe. gov. cn/srcsite/A06/s7053/201911/t20191107_407338. html.

［23］中华人民共和国教育部.教育部关于加强和改进中小学实验教学的意见［EB/OL］.（2019－11－22）. http://www. moe. gov. cn/srcsite/A06/s3321/201911/t20191128_409958. html.

［24］中华人民共和国教育部.教育部办公厅关于印发《2018 年教育信息化和网络安全工作要点》的通知［EB/OL］.（2018－02－11）. http://www. moe. gov. cn/srcsite/A16/s3342/201803/t20180313_329823. html.

［25］中华人民共和国教育部.教育扶贫典型案例——重庆师范大学对口扶贫模式的经验与启示［EB/OL］.（2019－10－15）. http://www. moe. gov. cn/jyb_xwfb/xw_zt/moe_357/jyzt_2019n/2019_zt27/jyjs/chongqing/201910/t20191015_403624. html.

［26］深圳市教育局.深圳市教育局关于印发《深圳市中小学科技创新教育三年行动计划（2015—2017 年）》的通知［EB/OL］.（2015－10－28）. http://www. sz. gov. cn/jyj/zcfggfxwj/zcfg/mbjyjg_1/201511/t20151111_3352435. htm.

［27］重庆市政府网.重庆市九龙坡区积极推进中小学创客教育发展［EB/OL］.（2017－03－08）. http://www. cq. gov. cn/zwxx/zwdt/content_102654.

［28］National governors association. Building a science, technology, engineering, and math agenda［EB/OL］.（2017－12－22）. http://www. nga. org/files/live/sites/NGA/files/pdf/0702INNOVATIONSTEM. PDF.

［29］Dougherty D. Makerspaces in Education and DARPA［EB/OL］.（2014－12－20）. http://makezine. com/2012/04/04/makerspaces-in-education-and-darpa/.

［30］祝智庭,雷云鹤.STEM 教育的国策分析与实践模式［J］.电化教育研究,2018,39(1)：75－85.

［31］杜文彬.国外 STEM 教育研究的热点主题与特点探析［J］.电化教育研究,2018,39(11)：120－128.

[32] 邸薇,杨春丽.自主性综合学习:让创意开花结果[J].人民教育,2018,1:86-89.

[33] 王自勇.萃智创新,跨越发展——"创新算法与发明专利校本课程开发"研究报告[J].基础教育参考,2019,294(6):36-38.

[34] 姬文广,曹淑玲.创客教育,我们在路上……——行知行创客课程的"点-线-面-体"构建[J].今日教育,2018,1:48-51.

[35] 戴玉梅,王健潼,彭青青,孟佳,董焕.基于核心素养的小学机器人创客课程实践研究[J].中国教育信息化.2018(1):5-11.

[36] 张鹏峰.基于Arduino的创客教育课程开发[J].实验教学与仪器,2018(9):67-69.

[37] 周利平,魏仕贵,邓丽萍,等.创客教育活动设计与应用——以成都市泡桐树小学"玩转数学"创客课程为例[J].广西教育学院学报,2018(5):197-202.

[38] 韩叙虹.基于物理核心素养培养的STEM教学的实践与探索——以"重现富兰克林的风筝实验"项目式学习为例[J].中学物理:高中版,2018.

[39] 陈希,程林.基于工程设计的高中STEM课程设计与实践——以"建筑结构设计"课程为例[J].现代教育技术,2019(2):121-128.

[40] 黄春媚.基于STEM教育理念的地理实践力培养策略——以"花都天马河水质状况的初步调查与探究"为例[J].地理教学,2018(12):39-42.

[41] 王素,李福正.STEM教育这样做[M].北京:教育科学出版社,2019.

[42] The Race to the Top Begins — Remarks by Secretary Arne Duncan [EB/OL]. (2020-01-05). https://www.ed.gov/news/speeches/race-top-begins.

[43] President Obama Launches "Educate to Innovate" Campaign for Excellence in Science, Technology, Engineering & Math (Stem) Education [EB/OL]. (2020-01). http://www.whitehouse.gov/the-press-office/president-obamalaunches-educate-innovate-campaign-excellence-science-technologyen.

[44] Federal Science, Technology, Engineering and Mathematics (STEM) Education 5-Year Strategic Plan. Committee on STEM Education, National Science and Technology Council. http://www.whit-ehouse.gov/sites/default/files/microsites/ostp/stemstratplan2013.pdf.

[45] National Academy of Engineering and National Research Council. STEM Integration in K-12 Education: Status, Prospects, and an Agenda for Research[M]. Washington, DC: The National Academies Press, 2014.

[46] 李琦.美国《STEM教育法(2015年)》生效[J].世界教育信息,2015,28(22):76.

[47] 钟柏昌,张禄.项目引路(PLTW)机构的产生、发展及其对我国的启示[J].教育科学研究,2015(5):63-69.

[48] 赵慧臣,陆晓婷.美国STEAM实验室的特征与启示[J].现代教育技术,2017,27(4):25-32.

[49] Boston Arts Academy. The Boston Arts Academy STEAM lab [OL]. (2020-02-03).

https://bostonartsacademy.org/our-program/steam-lab/.

[50] Fort B. Kids lab course descriptions [OL]. (2020 - 01 - 31). http://www.fcps.edu/FtBelvoirES/.

[51] Greenwich Academy. Engineering & Design Lab [EB/OL]. (2020 - 02 - 01). https://www.greenwichacademy.org/academics/signature-programs/engineering-design-lab.

[52] Neva C. STEAM innovation lab children's museum of New Hampshire [EB/OL]. (2016 - 03 - 01). https://www.childrens-museum.org/blog/2016/03/steam-lab-opening.

[53] August S, Hammers M, Murphy D, et al. Virtual Engineering Sciences Learning Lab: Giving STEM Education a Second Life [J]. IEEE Transactions on Learning Technologies, 2015: 1.

[54] Next Generation Science Standard. Science Education in the 21st Century: Why K - 12 Science Standards Matter and why the time is right to develop Next Generation Science Standards [EB/OL]. (2013 - 05 - 10). http://nstahosted.org/pdfs/ngss/WhyK12Standards Matter-FINAL.pdf.

[55] PLTW. Middle school engineering program [EB/OL]. (2014 - 05 - 24). http://www.pltw.org/our-programs/middle-school-engineering-program.

[56] Project Lead the Way POE-Unit1-Lesson1 [EB/OL]. (2011). http://view.officeapps.live.com/op/view.aspx?src = http%3A%2F2Fwww.switzerland.k12.in.us%2Fpdf%2FCurriculum%2FHigh%2520School%2FPLTW%2520Curricula%2FPLTW-%2520 Barry%2520Smith.doc,/.

[57] William Stapleton, Bahram Asiabanpour, Harold Stem, Hannah Gourgey. A Novel Engineering Ourreach to High School Education [C]. 39th ASEE/IEEE Frontiers in Education Conference, 2009.

[58] What ends up at the sewage treatment plant? [EB/OL]. (2020 - 04 - 22). https://www.melbournewater.com.au/community-and-education/education/browse-resources-year-level/what-ends-sewage-treatment-plant,/.

[59] 赵中建. 美国 STEM 教育政策进展[M]. 上海科技教育出版社,2015.

[60] Cameron Brenchley. Launching Project RESPECT [EB/OL]. (2020 - 01). http://www.ed.gov/blog/2012/02/launching-project-respect/.

[61] Strengthening the Teaching Profession [EB/OL]. (2013 - 03 - 10). http://www.whitehouse.gov/issues/education/reform.

[62] Daugherty J L. Engineering Professional Development Design for Secondary School Teachers: A Multiple Case Study [D]. Dissertation, Department of Human Resource Education, University of Illinois, 2008.

[63] 2011 - 2012 PLTW Assessment Program [EB/OL]. http://archive. constantcontact. com/fs017/1102771162287/archive/1107547703071. html.

[64] CTEq. Vital Signs [DB/OL]. (2020 - 01 - 06). http://Vitalsigns. changetheequation. org.

[65] 杨光富. 奥巴马政府 STEM 教育改革综述[J]. 中小学管理,2014(4):48 - 50.

[66] 徐田子,夏惠贤. 从危机应对到战略规划——澳大利亚 STEM 教育政策述评[J]. 外国中小学教育,2018,306(6):18 - 31.

[67] 胡卫平,首新,陈勇刚. 中小学 STEAM 教育体系的建构与实践[J]. 华东师范大学学报(教育科学版),2017(4):31 - 39.

[68] 彭敏,朱德全. STEAM 有效教学的关键特征与实施路径——基于美国 STEAM 教师的视角[J]. 远程教育杂志 2018(2):48 - 55.

[69] 陈鹏,田阳,刘文龙. 北极星计划:以 STEM 教育为核心的全球创新人才培养——《制定成功路线:美国 STEM 教育战略》(2019—2023)解析[J]. 远程教育杂志,2019,37(2):3 - 14.

[70] Education Council. National STEM School Education Strategy [R/OL]. (2015). http://www. educationcouncil. edu. au/. pdf.

[71] 孙维,马永红,朱秀丽. 欧洲 STEM 教育推进政策研究及启示[J]. 中国电化教育,2018(3):131 - 139.

[72] 各国的 STEM 教育发展和现状[EB/OL]. (2019 - 01 - 15). https://mp. weixin. qq. com/s?src=11&timestamp=1588522124&ver=2316&signature=rTWgJ**H2icREXRmdw8uqHnSWwv1-UIuIKOq4ZJ9y6ZaeklKgfwOBqjisnWQZodH*3Zo6ZycsnZrHkY2OJPhABnUISQHnf1BT9Jb7OPPFy57OHyCcEEk9hVZzgAwT2Nl&new=1.

[73] 国际|解读德国 MINT 教育[EB/OL]. (2020 - 03 - 22). https://mp. weixin. qq. com/s? src=11&timestamp=1588522532&ver=2316&signature=HsmEk-55nCGDnpWA9atSk7SG45ST-coFlnys4u*J9pXUJ1*F2k8akBo8Wmv-cOUipX7yI5lrxbRuZWJL1-LCEvJ*NHDLhtvnruE3OLULRv5XXxYPTa3VtemTk3uKvwAa&new=1.

[74] STEM 教育在各国的发展情况[EB/OL]. (2018 - 08 - 01). https://www. meipian. cn/1hrsjwi0.

[75] 韦倩倩. 澳大利亚幼儿 STEM 教育实施及其特点[J]. 教育评论,2019(6):158 - 163.

[76] 美国 STEM 教师培养的主要经验及其启示[EB/OL]. (2019 - 07 - 31). https://www. sohu. com/a/330663303_141154.

[77] 张宁. 澳大利亚中小学 STEM 课程概况[J]. 中小学信息技术教育,2013(10):45 - 48.

[78] 王楠,唐倩,张芮,等. 美国 STEM 教育项目评价机制分析及其启示——基于美国典型 STEM 教育项目的案例分析[J]. 现代教育技术,2019,29(9):108 - 114.